U0453957

教育部人文社会科学研究“价值网视角下数字出版商业模式创新研究”（13YJC860042）项目资助，北京印刷学院优势专业（编辑出版学）建设专项资助。

# 价值网视角下的数字出版商业模式创新研究

张新华　著

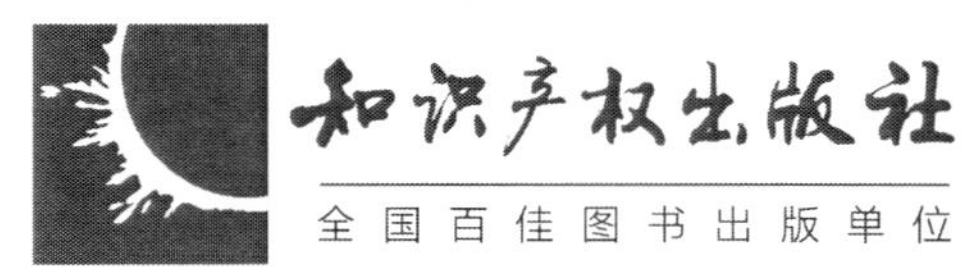

**图书在版编目（CIP）数据**

价值网视角下的数字出版商业模式创新研究 / 张新华著．—北京：知识产权出版社，2018.11

ISBN 978-7-5130-5736-3

Ⅰ．①价…　Ⅱ．①张…　Ⅲ．①电子出版物—出版工作—商业模式—研究—中国　Ⅳ．① G237.6

中国版本图书馆 CIP 数据核字 (2018) 第 183318 号

**内容提要**

本书试图从价值网、商业模式、数字出版等理论对我国传统出版单位的数字出版商业模式及其创新进行系统研究。首先，在综述主要理论基础上结合数字出版的实际，提出数字出版价值网商业模式基本框架，作为本书研究的主要依据。其次，描述我国数字出版产业发展的历史和现状，分析我国出版企业数字出版商业模式的主要类型及主要不足。再次，分析我国出版企业数字出版价值网形成的外部压力和内在机制，描述其形成的基本过程和结构。最后，提出我国出版企业价值网商业模式构建的主要途径：定位企业价值、构建价值创造系统、设计收入模式、建立外部合作网络、实施管理创新。

**责任编辑：** 于晓菲　　　　**责任印制：** 孙婷婷

## 价值网视角下的数字出版商业模式创新研究

JIAZHIWANG SHIJIAO XIA DE SHUZI CHUBAN SHANGYE MOSHI CHUANGXIN YANJIU

张新华　著

**出版发行：** 知识产权出版社有限责任公司　　**网　　址：** http：//www.ipph.cn

http：//www.laichushu.com

**电　　话：** 010-82004826

**社　　址：** 北京市海淀区气象路 50 号院　　**邮　　编：** 100081

**责编电话：** 010-82000860 转 8693　　**责编邮箱：** yuxiaofei@cnipr.com

**发行电话：** 010-82000860 转 8101　　**发行传真：** 010-82000893

**印　　刷：** 北京中献拓方科技发展有限公司　　**经　　销：** 各大网上书店、新华书店及相关专业书店

**开　　本：** 720mm × 1000mm　1/16　　**印　　张：** 12.75

**版　　次：** 2018 年 11 月第 1 版　　**印　　次：** 2018 年 11 月第 1 次印刷

**字　　数：** 200 千字　　**定　　价：** 68.00 元

ISBN 978-7-5130-5736-3

出版权专有　侵权必究

如有印装质量问题，本社负责调换。

# 前　言

20世纪中后期以来，信息化浪潮席卷了全球的各个角落。作为人类知识和文化传承、传播的一个重要产业部门，建立在近代工业文明基础上的现代出版业正经受着来自信息革命的严重冲击。这一冲击大约肇始于20世纪70年代，自美、英、日等发达国家逐渐向全球蔓延。进入20世纪80年代，伴随着我国出版业的商品化、市场化、产业化、资本化等进程的推进，出版业在技术维度上沿着电子化、网络化、数字化、移动化、融合化的方向演化，它不仅推动传统产业转型、催生新兴产业萌芽，还改变着传统的生产组织形式和价值创造逻辑，引发传统图书出版单位的数字化转型和融合升级发展。

我国传统出版单位由于受传统出版体制和经营方式的束缚，在数字出版的发展道路上步履缓慢，不仅落后于西方发达国家，也被国内新兴的数字出版业态甩在身后。这既不利于我国出版业与其他国家同台参与国际文化经济竞争，也不利于社会主义主流价值观和文化在国内的传播。但是，在当今开放竞争的全球化市场环境中，企业竞争越来越明显地表现为企业整体的价值创造和实现体系及其所处的价值生态之间的竞争。在数字出版市场中，传统出版社建立在单一线性价值链基础上的出版商业模式优势丧失殆尽，需要在网络化环境中积极进行商业模式创新，才能焕发出新活力。

本书试图从价值网、商业模式、数字出版等理论对我国传统出版单位的数字出版商业模式及其创新进行系统研究。首先，在综述主要理论基础上结合数字出版的实际，提出数字出版价值网商业模式基本框架，作为本书研究的主要依据。其次，描述我国数字出版产业发展的历史和现状，分析我国出版企业数字出版商业模式的主要类型及主要不足。再次，分析我国出版企业数字出版价值网形成的外部压力和内在机制，描述其形成的基本过程和结构。最后，提出我国出版企业价值网商业模式构建的主要途径：定位企业价值、构建价值创造系统、设计收入模式、建立外部合作网络、实施管理创新；同时，从数字出版经营的三个基本对象入手，提出数字出版价值网商业模式的优化升级方法；以此作为出版企业探索、构建数字出版商业模式的借鉴。

本书是教育部人文社会科学青年基金项目“价值网视角下的数字出版商业模式创新研究”（项目编号：13YJC860042）成果，研究过程持续近 5 年。这 5 年是我国出版业加快数字化转型升级、促进出版融合发展的时期，期间，新兴的数字出版业态不断获得突破性发展，传统的出版单位也在艰难地探索新的数字出版商业模式。变动不居的产业实践在为本研究带来一系列新的刺激和灵感同时，也为研究增添了更多的不确定因素。所以，本书只是对我国数字出版产业一个支流的片段性管窥之见，定有疏漏、失当之处，敬请读者批评指正。

张新华

2018 年 7 月

# 目　　录

# 第一章　导　论

## 第一节　研究问题与研究角度

### 一、研究的背景与问题

20世纪中期以来，在信息科技的推动下，人类进入了信息社会发展阶段。信息和知识成为经济发展的重要资源，专门从事信息和知识生产、传播的人和组织在社会中所占的比重越来越大。但是，随着新一代信息技术在社会传播领域的深化应用，以信息和知识传播为主要活动对象的出版业，正经历着一系列新变化。

1. 信息技术重塑出版产业形态

在迅猛发展的信息技术冲击下，出版产业环境和产业形态都得以重塑。首先，出版业数字化转型加深。计算机、数字技术所代表的现代信息技术取代了印刷等模拟技术在出版业的基础地位，打破了“编辑—印刷—发行”的传统出版产业链，推动着传统出版业的数字化发展，电子书、数据库、移动阅读、有声书等新产品形态日益丰富，网络营销、按需出版、社群运行、个性化出版、知识服务等新型营销和出版方式层出不穷；最近几年人工智能技术在出版业加速应用，使智能选题决策、智能审校、语音输入、机器人写稿、机器人语音交互等活动得以实践，可在一定程度上替代人力，大大提升现在的选题、编辑、校对、发行等环节效率，更加深刻地改变出版流程；出版业务在传统出版的基础上增加了数字化出版和原生的数字出版，三者之间从并行发展到渗透融合，业务范畴逐渐扩展。其次，出版业融合发展迅速。数字化技术、计算机技术和网络技术等应用，消除了不同产业之间的技术壁垒和市场壁垒，出版业逐渐与计算机、广播、电视、教育等信息传播行业融合，形成了新的“信息产业”“内容产业”等，成为数字经济的重要组成部分；借助独特的内容资源禀赋和文化属性，出版业甚至还与艺术、旅游、金融等产业融合，形成了“出版+”“内容+”的产业形态；作为出版产业微观组织的出版企业，开始跨出出版产业运营的边界，进入更广阔的产业空间。最后，出版业的全球化发展趋势加剧。互联网和远程通信技术的普及使地球变成“地球村”，为出版产品及其他出版要素的国际性流通提供便利，使出版产业由过去主要在一国、一地区内部活动的产业演变为全球性产业，出版业的竞争由国内市场扩展到全球范围，数字化的全球出版市场和产业价值链的得以形成。

2. 产业实践呼唤出版创新发展

近年来，我国数字出版产业的规模和形态发展迅速，产业总收入从2006年的213亿元人民币发展到2017年的7072亿元人民币；先后出现了电子图书、网络原创文学、数据库出版物、手机出版物、网络游戏、在线教育、有声书、知识服务等多种产品和服务形态；形成了有线互联网、无线通信网和卫星网络等多种数字内容的传输渠道；产业发展已进入集聚化、集约化发展阶段，全国已建立 14 个国家级数字出版产业集聚区（园区或基地）；涌现出一批在国内外领先的数字出版龙头企业，如阅文集团、中文在线、掌阅科技、咪咕数字传媒等，带动整个产业的稳步发展。数字出版产业已经成为我国战略新兴型产业和高新技术产业发展的一个重要组成部分。但是，我国的数字出版产业发展仍面临着创新不足、竞争力不强的问题。首先，从产业层面看，数字出版的生态系统尚不完善。具体表现在：中文信息智能化处理、版权保护等数字出版的核心技术创新能力弱，制约产业升级；数字出版产业各部类之间发展不同步，传统出版单位数字出版业务的收入增长低于网络游戏、移动出版、互联网广告的增速，传统新闻出版单位数字化转型升级、融合发展仍需加快速度；产业链松散，上下游企业之间没有建立起稳定的合作机制和合理的利益分配机制，同类企业之间更各自为战、互不合作；数字内容的原创性不强，版权保护水平低下，盗版侵权现象严重；不能有效满足读者的阅读需求，读者的付费阅读意愿低。其次，从企业层面看，传统出版单位的数字化转型亟待升级。目前我国大部分传统的出版单位在向网络与新媒体领域进军时面临着种种问题：传统的出版单位向数字媒体转型过程中，缺少数字媒体、新媒体运营经验，还没有建立起与数字出版技术和运营特点相适应的盈利模式；互联网思维以及数据思维的意识不强，数据分析经验不足，能力较低；出版企业拘泥于产品思维，缺乏“用户意识”，不能对自身用户以及新媒体用户进行分析和精准服务；数字产品研发能力不足，根据市场需求快速研发适应用户需求产品的能力较低。

我国数字出版产业的健康持续发展既有赖于出版产业环境的改善，更取决于出版企业的创新。现代管理学之父彼得·德鲁克（Peter F. Drucker）认为，营销和创新是企业的两个基本职责。但对当下的我国数字出版产业来说，创新是出版企业最基本的职责。在数字化环境下，没有创新就不能

获取客户，获取不了客户营销就是一句空话。

3. 数字出版颠覆传统出版商业逻辑

作为人类社会最古老的传媒产业，建立在印刷技术基础上的出版业已经建立了成熟而稳定的运作方式。但是，伴随着数字技术、互联网技术等在出版业中应用程度的加深，出版业的资源、产品、用户、市场及出版企业的组织结构、合作伙伴、盈利方式都发生了颠覆性变化。然而在当今全球化浪潮冲击、技术变革加剧和商业环境多变的时代，决定企业成败的最重要因素不仅仅是技术、产品和市场，而是决定整个企业价值系统的商业模式。如彼得·德鲁克所说，“当今企业之间的竞争，不是产品之间的竞争，而是商业模式之间的竞争”。克服传统出版商业模式的局限，重塑数字时代出版价值创造体系，创新数字出版商业模式，是出版企业数字化转型发展的必经之路。商业模式是人们常用的描述互联网条件下新商业现象的一个关键词，指企业价值创造的基本逻辑，即企业在一定的价值链或价值网络中如何向客户提供产品和服务并获取利润。[①] 商业模式创新就是企业价值创造基本逻辑的创新，数字出版商业模式创新和其他产业领域一样，从本质来说是以新的更有效的方式获取利润，它主要关注出版企业的经济方面的因素，是一种包含技术、产品、用户、市场、组织结构、外部关系等多种因素的系统性创新，能够帮助出版企业获取新的价值，在数字出版市场上获得更大发展。

如上所述，随着全球化、数字化和媒介融合的深入发展，出版产业边界模糊，竞争加剧，读者的阅读需求和消费特征变化很大，传统出版的运作逻辑被打破，出版产业的价值创造体系也随之变化，出版企业的发展需要通过创新商业模式以适应内外部环境的变化。在此背景下，本书以我国出版企业的数字出版商业模式创新为中心问题展开研究；目的在于推动出

① 乔卫国，2009. 商业模式创新 [M]. 上海：上海远东出版社：36.

版企业的数字出版业务发展，赢得在整个经济体系中的竞争优势，最终助力我国数字出版业的健康、快速发展。

## 二、价值网视角下的商业模式创新

商业模式是一个微观概念，与企业的经营战略相对，研究企业与顾客之间的价值关系。[①] 数字出版商业模式实际上是出版企业实现顾客价值和企业价值的逻辑体系，企业价值需要通过顾客价值的实现而获得。从商业模式的本质看，目前以价值实现逻辑为中心的数字出版商业模式有两种：一是基于价值链理论的商务模式，一是基于价值网理论的商务模式，分别可简称为价值链模式和价值网模式。价值链模式以传统出版的线性价值链为基础演化而成，出版企业通过一系列中间环节逐级向终端客户传递价值；而价值网模式是在产业融合背景下，出版企业在网状价值链中，与各合作伙伴一起通过各种渠道和方式向终端客户全方位传递价值。所以，在当下数字经济、媒介融合发展背景下，数字出版商业模式创新可以看作是价值链模式向价值网模式的迁移。

价值网是在价值链的基础上发展起来的。价值链是企业为客户创造价值所进行的一系列经济活动的总称，由美国哈佛大学迈克尔·波特（Michael E. Porter）教授于 1985 年提出。将企业价值链根据企业与供应方和需求方的关系，分别向其前后延伸而形成产业价值链。之后，由于顾客的需求增加、国际互联网的冲击及市场高度竞争，单一直线式的产业价值链转变为由多条价值链组成的价值网。价值网的本质是在专业化分工的生产服务模式下，通过一定的价值传递机制，在相应的治理框架下，由处于价值链上不同节点和相对稳定的彼此具有某种专用资产的企业及相关利益体组合在一起，

① 高天亮，2011. 基于价值网理论的商业模式研究 [M]. 广州：世界图书出版广东有限公司：61.

共同为顾客创造价值。通过价值网分析可以发现企业的利润区域、关键控制点及竞争优势。

从国内外的相关研究看，价值网（Value Network，VN）是一个产业中为客户价值而参与价值创造的各个经济主体之间所联结而成的线性（网状）结构，是对价值创造系统（Value Creative System，VCS）的一种描述和分析工具。对产业价值链或价值网进行构建的主体主要是参与价值创造的经济主体，而不是外在于产业实践的研究主体。但是，研究者可以根据其他产业的先进经验或理论工具自身所提供的可能性对产业价值链所存在的问题及解决之道进行探讨，并以研究结果作用于产业运行主体，实现产业价值链的优化和升级。

价值网理论为探讨数字出版商业模式创新提供了一个新的视角和研究方法。通过对数字出版产业链进行分解考察，区分和界定数字出版产业链上企业的经营活动，考察不同企业活动在价值增值过程的贡献和地位，有利于数字出版企业根据自己独特的比较优势和竞争优势在产业链中定位，从而形成独特的竞争力。从产业全局看，发现产业链中的高利润区，有利于企业识别并建立各自的比较优势，避免盲目竞争，以形成协调一致、优势互补、资源共享的良性产业结构，发挥协同效应，达到共赢的效果。价值网理论同时也提供系统的价值整合方法，将一些新型活动归类于模块化单元之中，衔接、整合、打通各企业的价值链，形成一个畅通的、彼此联系紧密的价值网络系统，从而优化既有的商业模式，或设计、构建全新的商业模式。可见，价值网理论可以成为分析并解决数字出版商业模式创新的有力工具；而构建并优化价值网是进行数字出版商业模式创新的一条可行路径。

## 第二节　研究综述

鉴于本研究主要从价值网的角度对数字出版商业模式创新进行探讨，与此相关的研究领域主要涉及数字出版产业经营、商业模式创新和价值网等，本节分别予以述评。

### 一、数字出版产业经营

21 世纪以来，随着我国数字出版产业的发展，数字出版研究逐渐成为学术研究热点。据对 CNKI 文献统计，2000—2013 年间可检索的数字出版的论文有 1090 篇，其中“数字出版产业经营”领域的论文有 360 篇，占整个文献量的 33%。[①] 数字出版产业经营的研究主要集中在如下四个方面。

#### 1. 数字出版产业链研究

多数研究对数字出版产业链结构的认识和理解基本一致，即数字出版产业链由数字内容提供商、数字内容出版商、数字技术提供商、网络服务提供商和读者等主体构成[②]。亦有学者从数字出版的生产流程来认识，认为数字出版产业链结构包括内容创意，即内容提供商；生产制作，即内容服务商；传播渠道，即平台运营商；联系终端，即分销和零售商；而且在这几个环节中，内容创意环节和传播环节是其关键环节[③]。还有学者从整体角度出发，认为数字出版产业链比较庞大，将作者、著作权人、版权服务企业、内容加工 / 出版企业、内容传播企业及消费者联系起来，甚至还囊括了物流、广告商、网络运营商、第三方支付企业及银行等[④]。对数字

① 陈汉轮，2013. 数字出版研究论文的文献计量与分析 [J]. 科技与出版（5）.

② 刘灿姣，黄立雄，2009. 论数字出版产业链的整合 [J]. 中国出版（1）.

③ 曹胜玟，2009. 当前数字出版产业链的相关问题及思考 [J]. 编辑之友（3）.

④ 钱宇阳，2011. 中国数字出版产业链发展现状和问题研究 [J]. 商场现代化（4）.

出版产业链特征的认识，多数学者认为主要表现在主体的独立性、功能的依附性、价值的差异性三个方面[①]。

对于数字出版产业而言，只有形成了稳固的数字出版产业链，才标志着数字出版产业走向成熟。[②]数字出版的产业链形成须满足技术与资本两个基本条件。周利荣认为，数字出版产业链的形成关键在于渠道建设，渠道建设的关键在于技术转化，拥有先进的传播技术、搭建具有盈利模式的数字化网络平台至关重要。[③]贾宏以数字期刊为例指出要达到服务个性化，需要运用推送技术、智能代理技术、智能搜索引擎技术、网页动态生成技术、过程跟踪技术、安全身份认证技术及数据加密技术等。[④]何格夫分析了产业链各节点存在的具体问题：在产业链上游，技术提供商对数字出版期待过热，传统出版单位态度偏冷；在产业链的中游，网络运营商数据整理差异性不大，造成浪费；在产业链的下游，电子图书、数字期刊等的营销过度依赖机构消费者，尚未促成一般读者的自主性消费。[⑤]在数字出版产业链整合的对策思路方面，张彦华主张应注重整体布局和产业引导，在产业链各环节和整体建设方面加大力度，打造数字出版价值链。[⑥]

总而言之，对数字出版产业链研究的升温反映了学界和业界对中国数字出版产业良性快速高效发展的热切盼望。多数学者也针对产业链问题提出了一些有效对策：在国家层面，政府出台文件和政策，积极推动数字出版集群化发展，设立国家数字出版基地，是推动产业链有效整合的得力手段。[⑦]在企业层面，数字出版企业共同倡议成立产业联盟，并发布相关倡

---

① 方卿，2006. 论出版产业链建设 [J]. 图书・情报・知识（5）.

② 周利荣，2010. 中国数字出版产业链整合模式分析 [J]. 出版发行研究（10）.

③ 周利荣，2011. 数字出版产业链整合：技术转化是关键 [J]. 编辑之友（3）.

④ 贾宏，2006. 数字图书馆个性化服务技术战略 [J]. 现代情报（3）.

⑤ 何格夫，2008. 当前制约我国数字出版发展的六个因素 [J]. 编辑之友（2）.

⑥ 张彦华，2011. 国内数字出版所处困境及发展途径研究 [EB/OL]. 重庆大学（5）.

⑦ 柳斌杰，2011. 在六中全会精神指引下推动数字出版跨越式发展 [C/OL].（11–10）[2016–12–16].http://www.bookdao.com/article/30532/.

议书，共同维护企业诚信，净化经营环境，是实现产业链各环节共赢的重要理念和举措。

2. 数字出版标准化研究

标准化水平是一个产业成熟度的重要指标。对于数字出版产业而言，数字出版标准化，有利于数字出版链条上的参与各方实现利益均衡，分工合作，整体降低成本，用有限的资源实现效益的最大化，实现技术兼容、数字内容的互联互通和共享[①]，可以说，标准化一方面是数字出版产业实现有序发展的重要保证，另一方面也便于行政部门对其进行管理。

对于数字出版标准化问题，多数学者在论述数字出版产业时均有所提及，但深入研究此问题的并不多见。据笔者掌握的资料来看，多数研究文献出自中国新闻出版研究院相关学者之手。这些研究探讨的问题为中国数字出版标准化问题的现状、标准化必要性以及如何行动等。对于现状，研究者一致认为，中国数字出版标准化现状堪忧。有学者指出，中国数字出版标准依旧停留在企业标准的较低级阶段，行业标准和国家标准严重缺乏。但可喜的是，在国家层面，数字出版标准化得到了各级政府及相关机构的重视；在企业层面，数字出版产业链上各相关企业的标准意识均有所增强，不过业界对标准化的认识仍存在盲目性，需要加以协调[②]。

目前数字出版标准化的工作主要由政府部门推动。其研制主要集中在标准体系、标识、元数据、手机出版、电子书、数字有声出版物、数字版权保护、发行信息流通等方面。[③]除了政府推动之外，多数学者强调，研制标准体系必须积极研究和借鉴国际和国外先进标准，而且相关企业也要

① 邓晓磊，2011. 探讨数字出版的标准问题出版参考 [J]. 出版参考（7）.

② 张书卿，2008. 中国数字出版标准化现状及对策 [J]. 出版发行研究（11）.

③ 刘颖丽，2011. 数字出版标准的现状与思考 [EB/OL].（08–11）[2017–10–19].http：//cips.Chinapublish.com.cn/chinapublish/rdjj/13zhyth/tpxw/201108/.

参与其中，标准的起草要实现业务专家、标准化专家和技术专家的高度结合，加强与工业、信息技术标准化领域的沟通与协作，通过业务领域的有效分工，实现跨行业、跨领域的标准化合作，加快对数字出版产业的规范，同时加大培养相关人才的力度[①]。

3. 数字版权问题研究

数字版权内容是数字出版产业发展的基础，建立良好的数字版权保护机制是保证数字出版产业链循环流畅的关键因素。但在中国数字出版产业实际发展中，对数字版权内容的侵权、盗版现象层出不穷，严重阻碍了中国数字出版产业的健康和顺利发展。

数字版权问题引起了诸多学者的关注。许多研究者探讨了中国数字出版版权领域存在问题的成因，大体上可归为以下几点：相关法律法规欠缺，造成处理版权问题无法可依；网络的虚拟性致使数字内容权利主体认定困难；数字出版作品的创新力度不足，模仿、抄袭、跟风严重；产品形态数字化加剧盗版现象等。[②]亦有学者认为，造成数字出版版权困境主要是海量作品的海量授权问题，其具体成因主要包括新权旧书的矛盾和获取海量过版图书授权经济成本过高。[③]

有部分学者从授权的角度出发，认为授权问题是中国数字出版产业发展的瓶颈所在。中国数字业界存在着典型的三种授权模式，分别是“先授权后传播”模式、“授权要约”模式、“一揽子授权”模式，这几种模式在一定程度上有助于解决现实问题，但总体上只是权宜之计，著作权集体管理现代化才是解决数字出版授权问题的出路。[④]还有学者从法律的角度

---

① 张书卿，2008.“中国数字出版标准化现状及对策”[J]. 出版发行研究（11）.

② 康建辉，赵萌，2012. 中国数字出版产业发展中的版权保护问题研究 [J]. 情报理论与实践（1）.

③ 李孝霖，2010. 数字出版产业版权困境解析 [J]. 电子知识产权（1）.

④ 曹世华，2006. 数字出版产业发展呼唤著作权集体管理现代化 [J]. 中国出版（9）.

分析数字出版产业版权困境，认为数字出版引发了产业法律有关系的重组和再造，造成法律关系由传统出版法律关系的“六个主体、五层结构”到数字出版法律关系的“三个主体、两层结构”的转变，因此产业利益冲突和法律博弈也发生了相应的变化，面对数字出版版权困境，提出了设立出版书刊作品的“准法定许可”制度，即公告出版模式。[①]亦有研究者从技术角度探讨了数字版权保护技术应用的可能性，并提出中国需要建设一个“软体”和“硬体”并重、技术与法律相互支撑的完善的数字版权保护体系和保护平台，为数字出版产业的健康、快速、可持续发展保驾护航。[②]

总之，多数研究者在探讨数字版权问题时基于不同的出发点，甚至基于不同的学科范式，但都致力于加快解决中国数字版权困境的进程，提出了诸多建议和对策，从管理层面到企业层面，从法律法规层面到技术解决方案层面都有所涉及。

## 二、数字出版商业模式创新研究

有关商业模式的研究起源于 20 世纪 70 年代。进入 21 世纪后，随着数字技术和互联网技术在出版业领域的普遍应用，出版领域的“商业模式创新”研究逐渐兴起。

### 1. 国外数字出版商业模式

西方学者对于数字出版商业模式创新的研究起步较早，他们主要借用管理学领域的理论成果，针对数字化浪潮冲击下传统出版商业模式转型展开研究。早在 2000 年，由卡恩（Kahn）等学者编撰的《互联网出版及其他：数字化信息及其知识产权的经济学问题》论文集对传统出版经济模式

① 李孝霖，2010. 数字出版产业版权困境解析 [J]. 电子知识产权（1）.

② 施勇勤，张凤杰，马畅，2012. 数字版权保护技术的概念、类型及其在出版领域的应用 [J]. 科技与出版（3）.

是否能够适应数字化信息产品的问题，从经济学角度进行了探讨（Kahn，2000）。英国卫康信托基金（Wellcome Trust）在 2003 年委托 SQW 有限公司对读者付费和作者付费这两种期刊经营模式进行研究，结果表明：由作者付费的开放存取出版的商业模式比由读者付费的传统模式在资源配置和系统成本等方面更加经济有效。麦凯比（MaCabe）和斯奈德（Snyder）探讨了学术期刊开放存取出版模式的可行性和社会效率。凯·亨德森（Kay Henderson）从传统出版信息链与电子出版信息链的比较中探寻网络出版潜在的商业模式，如数字产品和数字运输的商业模式、电邮订单的商业模式、订阅的商业模式。田雪梅（Xuemei Tian）和 比尔·马丁（Bill Martin，2009）从价值主张（Value Propositions）和能力（Capabilities）两方面描述数字图书出版商所运用的商业模式，如现行通用的商业模式、内容许可的商业模式、全方位服务的商业模式、聚合的商业模式、多渠道分销的商业模式、利用联合订阅和合作运营进行存档的商业模式。亚历山大·奥斯特瓦德（Alexanderh Ostenwalder）和伊夫·皮尼厄（Yves Pigneur）在《商业模式新生》（*Business Model Generation*）中指出图书出版的八种商业模式原型：出版商出版、免费营销模式、合著出版、按需发行、图书与在线、赞助出版、DIY 出版及定制出版。

2. 国内数字出版商业模式及创新研究

国内对数字出版商业模式创新的研究大体上始于 2005 年。从 CNKI 数据库搜索的结果看，关于数字出版商业模式创新的研究文献有 120 篇左右。研究主要集中在如下两个方面。

第一，数字出版商业模式的内涵和构成要素研究。研究者纷纷指出，当前我国数字出版发展的最大瓶颈就是商业模式不明晰，或者说没有商业模式。但什么是“数字出版商业模式”，很少有人给出清晰的说法，王勇安和贺宝勋认为，数字化商业模式是指具有不同要素组成的具有一定结构的整体，企业创造价值的核心内在逻辑把各组成部分有机地关联起来，使它们互相支持、共同作用、形成一个良性循环[①]。谭学余指出，数字出版商业模式成立的判断标准主要是看能否持续产生现金流即销售收入及产业链各环节各得其所：一是商业模式必须能被市场接受，在满足读者需求的同时带来持续的商业回报；二是产业链中各环节的有效分工与分配[②]。陈丹指出，出版社要积极探索适合自己的数字出版商业模式，这种商业模式建立的基本路径是："数字化（将图书文本数字化）→集成化（将海量内容按照一定的格式有序化）→个性化（提供出版社特有的个性化内容的主动服务）→结构化（将内容资源之间以知识元为单位进行关联，并以结构化体系的形式呈现）"的模式[③]。

在对数字出版商业模式构成要素的研究中，郑豪杰认为传统出版至少可以在价值主张、业务系统、盈利模式这三个方面进行创新，从而实现模式重构和战略转型[④]。兰芳认为出版企业的商业模式划分为战略定位、核心资源、业务网络、财务管理四个模块[⑤]。杨耘认为，商业模式由以下要素组成：价值主张、核心竞争力、消费者目标群体、分销渠道、成本结构、收入模型。判断少儿出版商业模式是否成功的唯一外在标准，就是少儿出版能否持续盈利。商业模式的良好运行，必须基于商业模式中各要素的价值和职能发挥[⑥]。金雪涛和唐娟（2011）指出，商业模式可以分解为收入源、收入点、收入方式三种相对独立的功能模块：收入源是指企业据以获取收

① 王勇安，贺宝勋，2010. 论地方教育出版社数字出版商业模式创新 [J]. 出版发行研究（9）.

② 曹胜利，谭学余，2011. 专业出版社数字出版的盈利模式与路径选择 [J]. 科技与出版（4）.

③ 陈丹，2011. 我国出版社数字出版发展策略及商业模式探析 [J]. 出版发行研究（11）..

④ 郑豪杰，2011. 传统出版的商业模式创新研究 [J]. 中国出版（3）.

⑤ 兰芳，2009. 龙源期刊价值网商业模式研究 [D]. 武汉理工大学硕士论文 .

⑥ 杨耘，2009. 童书出版商业模式的设计和探讨 [J]. 中国图书评论（5）.

入的那部分价值内容，解决的是“凭什么收费”的问题；收入点是指企业据以获取收入的那部分目标顾客，解决的是“对谁收费”的问题；收入方式是指企业获取收入的手段，包括定价方式、付款方式、付款时间、促销策略等，解决的是“怎么收费”的问题[①]。姚娟将数字出版企业的商业模式划分为战略定位、核心资源、业务网络、盈利模式四个模块，并在此基础上增加产业环境因素，作者认为商业模式不等同于盈利模式、运营模式，三者的关系可以概括为商业模式是一个平台，运营模式是这个平台之下的战略，而盈利模式是战术。尽管学者们对商业模式构成要素的理解存在分歧，但也达成了一定的共识，他们一致认为价值主张、核心资源、营销渠道、收入模式等是研究数字出版商业模式优先考虑的重点。

第二，数字出版商业模式创新经验研究。该领域研究主要结合出版企业的实践进行总结归纳，如梁上启（2009）从产品创新角度；李红强（2009）和徐江涛，廖小刚（2011）从顾客服务方式角度；刘灿姣，姚娟和刘治（2009）和肖叶飞，王业明（2011）等从企业经营角度；分别对亚马逊、爱思唯尔、高等教育出版社、中国人民大学出版社等出版机构的数字出版商业模式进行分析。郑豪杰（2011）构建了数字出版商业模式创新的三个设计维度，即价值主张、业务系统、盈利模式。田海明，魏彬（2012）从价值系统类型出发把商业模式划分为价值链商业模式和价值网商业模式两种类型，认为价值网商业模式已成为市场主流的商业模式，提出我国数字出版价值网商业模式形成的主要动力包括外部治理动力和自组织动力。任翔（2012）认为，移动互联时代数字出版的商业模式创新需从三个基本要素入手：产品、用户和市场。

盈利方式是商业模式的一个重要组成部分，如何盈利是当前困扰很多出版企业的一个关键问题，所以，盈利模式成为当下研究的一个热点。刘

① 金雪涛，唐娟，2011. 数字出版产业价值链与商业模式探究 [J]. 中国出版（2）.

灿姣，姚娟对电子书的商业模式提出了差异化的战略定位和多元化的盈利模式。差异化的战略定位包括产品和服务的差异化定位；多元化的盈利模式包括基于产品的多元化盈利模式、基于服务的多元化盈利模式及基于渠道的多元化盈利模式。[①] 熊玉涛回顾数字出版近年的发展，认为可借鉴的盈利模式概括有六种：注意力经济型、捆绑销售型、租赁 / 借阅型、功能增强型、功能扩展性、版权运营型。[②] 黎敏霞认为，目前我国已初步形成基于产品交易类型、基于服务交易类型以及混合交易类型的盈利模式，其实现的途径包括以下 4 种：内容与现代技术相结合产生商业价值；培养用户付费阅读习惯拓展盈利来源；利用现代营销方式拓展价值链体系及寻求战略联盟增强盈利能力等。[③] 王松茂指出，在产业融合过程中，出版业的盈利模式出现了单一化、线性化、边缘化和低增值化的缺陷。作者根据出版产业链在产业融合中的变化特征，提出产业链核心价值创新、产业链存量环节增值、产业链分拆与重构和产业链价值延展的盈利模式创新策略。[④] 陈洁认为数字出版可行盈利模式有以下 4 种：产业互动增值模式；移动通信网络的销售与订阅模式；基于群组信任的数字内容在线支付模式；门户网站读书频道阅读收费模式。[⑤] 王秋艳认为，当前已初步形成数字出版盈利模式有内容盈利模式、广告盈利模式、服务盈利模式。但是盈利模式还不够成熟，尚需要不断地进行探索：拓展个性化服务模式；利用交叉补贴模式；完善产业链延伸模式；手机杂志将是期刊数字出版盈利的重要模式。[⑥] 方卿、许洁（2009）总结出数字出版盈利模式设计的五个要素，即利润源、利润点、利润杠杆、利润屏障、利润家，并指出数字出版盈利模式必须具

① 刘灿娇，姚娟，2011. 中美数字出版商业模式比较研究 [J]. 出版科学（11）.

② 熊玉涛，2010. 论数字出版产业的运作与发展 [J]. 编辑之友（7）.

③ 黎敏霞，2010. 浅析数字出版盈利模式类型及其实现途径 [J]. 新闻传播（4）.

④ 王松茂，2008. 融合趋势中的出版业盈利模式创新策略 [J]. 出版科学（6）.

⑤ 陈洁，2009. 数字出版盈利模式研究报告 [J]. 求索（7）.

⑥ 王秋艳，2010. 我国期刊数字出版盈利模式研究 [J]. 中国出版（18）.

备的特点。[①]

总的看来，数字出版商业模式及其创新研究仍处于起步阶段。研究者大都从数字出版企业和产业发展的现实问题和实践经验出发，一方面清醒地意识到商业模式创新对于数字出版发展的重要意义，积极探索数字出版商业模式创新的基本思路和方法、路径；但另一方面多停留在对管理学领域商业模式及其创新的相关概念和理论方法的引介、局部应用阶段，还缺乏更加深入系统的研究，甚至还有研究对商业模式创新存在着片面、错误的理解，如误把产品创新或盈利模式创新当作商业模式创新等，对于数字出版商业模式创新的方法、路径，数字出版商业模式创新的动力机制以及生态系统的构建等重要问题研究薄弱。

## 三、价值网研究

### 1. 国外价值网理论研究

美国哈佛大学商学院迈克尔·波特（Michael Potter）教授于1985年在《竞争优势》一书中提出了“价值链”（Value Chain）的概念。20世纪80年代以来，世界经济经历着“从传统的价值链向价值网的转变”“企业通过与合作伙伴和客户的协作来创造价值”[②]。与此经济转型相适应，学术界对企业价值体系的研究也经历了从价值链向价值网的发展。

1993年，价值网思想就已经出现。当时的理查德·诺曼（Richard Normann）等认为必须在生产企业和顾客之间设计一种交互式的策略，实现原有的价值链向价值群（网）的转变，从顾客开始，允许顾客自己设计

① 方卿，许洁，2009. 数字出版盈利模式设计的五要素——以高等教育出版社为例 [J]. 出版发行研究（11）.

② 于海澜，2009. 企业架构：价值网络时代企业成功的运营模式 [M]. 北京：东方出版社：1.

产品，然后为满足顾客实际需要而进行生产。[①]但“价值网”一词何时出现无法确定，其主要原因可能是价值网的英文一词用法不一，有的学者用“Value Network ”，有的用“Value Net”，有的用“ Value Web”。一般认为价值网的概念最早是亚德里安·斯莱沃斯基（Adrian Slywotzky）等（1998）在《发现利润区》（*Profit Zone*）一书中提出的。他指出，由于顾客需求增加、国际互联网的冲击以及市场高度竞争，企业应该改变事业设计，将传统的供应链转变为价值网。价值网“是一种新业务模式，它将顾客日益提高的苛刻要求与灵活及有效率、低成本的制造相连接，采用数字信息快速配送产品，避开了代价高昂的分销层；将合作的提供商连接在一起，以便交付定制解决方案；将运营设计提升到战略水平；适应不断发生的变化”。[②]此后，价值网的提法得到了广泛认同。

古拉梯（Gulati）于1999年提出，供应商、客户、竞争对手等组成一个网络组织，越来越多的企业处于其中。[③]兰伯特（D. M. Lambert）等认为，价值网是一种以顾客为核心的价值创造体系，它结合了战略思考和进步的供应链管理，取代传统的供应链模式，以满足顾客所要求的便利、速度、可靠与定制服务。[④]维纳·艾莉（Verna Allee）认为价值网是两个或两个以上个人、群体或组织间在动态交流创造有形或无形价值过程中形成的网络或关系。从产业角度讲，价值网是指上游各供应商、下游客户以及消费者

---

① RICHARD N，RAFAEL R，1993. From value chain to value constellation：designing interactive strategy[J]. Harvard business review，71（4）.

② 亚德里安J斯莱沃斯基，大卫J莫里森，劳伦斯H艾伯茨，等，2001. 发现利润区[M]. 北京：中信出版社：14.

③ GULATI R，1999.Does familiarity breed trust? the implication of repeated ties for contractual choice in alliances [J].Academy of management journal，38（1）.

④ DOUGLAS M LAMBERT，TERRANCE L POHLEN，2001. Supply chain metrics[J].International journal of logistics management，12（1）.

为了完成共同的价值创造活动通过有形或无形交流结成的网络或关系。[①]维纳·艾莉把价值网中利益相关者之间的价值交换分为三类：①商品、服务和货币收入；②知识，如战略信息、规划、流程知识和员工能力等；③无形利益，如客户忠诚、认同感和形象强化等。[②]

帕罗利尼（Parolini）描述了价值网的用途和分析，他认为价值网由为客户产生价值的参与者定义。他采用战略图描述节点（价值在哪产生和消费在哪发生）及交互关系（不同活动之间的关系，还有材料和数据流），并集中分析了价值创造活动和资源。[③]苏珊娜·伯格（Suzanne Berge）认为价值网络的基本特征是从分离的，而不是垂直一体化的产业组织形式来理解范围、规模的外部经济性，这导致对资源能力的研究，从企业内部向外部拓展，在这种观点下，企业被认为是置身于资源信息等物质流所组成的网络之中。价值网络潜在地为企业提供获取信息资源、市场技术、通过学习得到规模和范围经济的可能性，帮助企业实现战略目标，如风险共享、价值活动或组织功能的外包、组织能力的提升等。

帕拉巴卡尔·加德达拉曼（Prabakar Kathandaraman）和戴维·威尔逊（David T. Wilson）于 2001 年提出了价值网的模型[④]，见图 1.1。这一模型使用了价值创造的三个核心概念，即优越的顾客价值、核心能力和相互关系。在该模型中，价值网由优越的顾客价值（Superior Customer Value）、核心能力（Core Capabilities）和相互关系（Relationships）三个要素组成。

---

① ALLEE V，2003.The future of knowledge：increasing prosperity through value networks[M]. Oxford.

② VUKAS A，2008.Value network analysis and value conversion of tangible and intangible assets[J].Journal of intellectual capital，（1）.

③ PAROLINI C，1999. The value net： a tool for competitive strategy chichester[M]. Wiley.

④ KATHANDARAMAN P， DAVID T WILSON，2001. The future of competition-value-creating networks[J]. Industrial marketing management，30（4）.

三个核心要素之间存在复杂的相互作用和系统联系。优越的顾客价值是价值网模型中价值创造的目标，核心能力是价值网得以存在和运行的关键环节，相互关系是合作关系建立的基础。

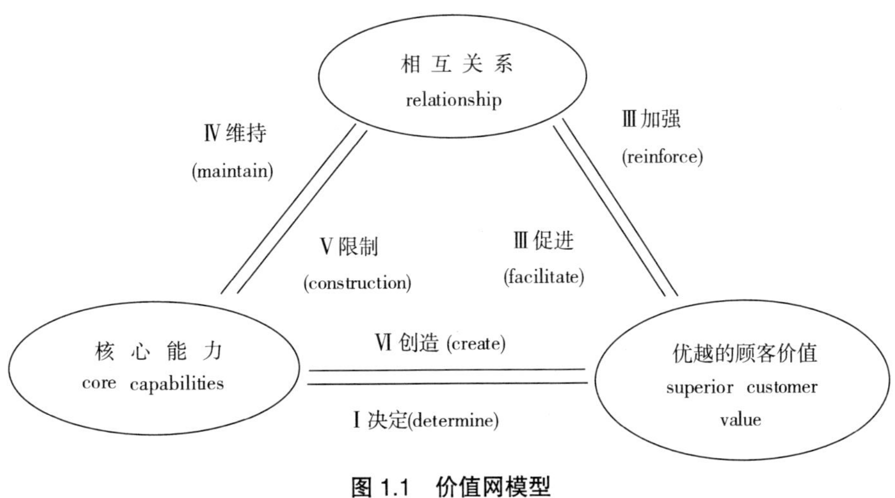


**图 1.1　价值网模型**

2. 国内价值网理论研究

21 世纪以来，价值网研究也逐渐引起国内学者的重视。汪丁丁认为，价值网络把昂贵的专家经验与大规模客户服务融为一体，可以同时享有“范围经济”和“分工 / 专业化 / 收益递增”的好处，所以它是“价值链”概念在互联网时代的延伸和拓展。[①] 李垣和刘益认为，价值网络是由利益相关者之间相互影响而形成的价值生成、分配、转移和使用的关系和结构，是由效用体系、资源选择、制度与规则、信息联系、市场格局和价值活动等基本要素构成的系统。价值网络使组织之间联系具有交互、进化、扩展和环境依赖的生态特性，扩大了资源的价值影响。[②] 张燕认为，价值网是一种以顾客为核心的价值创造体系。它结合了策略思考和进步的供应链管

① 汪丁丁，2001. 从价值链到价值网——评《价值网》[J].IT 经理世界（20）.

② 李垣，刘益，2001. 基于价值创造的价值网络管理特点与形成 [J]. 管理工程学报（41）.

理，取代了传统的供应链模式，以满足顾客所要求的便利、速度、可靠与定制服务。[①] 迟晓英认为价值网是对价值链的核心能力的集成获得的网络组织。价值网是以客户为中心，通过信息技术和电子商务的基础设施连接的优势互补的企业构成的相互合作、共同创造更大价值的价值创造系统。[②] 余东华认为价值模块式价值网的形成基因和构成的基本要素，基于此，他提出了模块化价值网络的概念：在机制模块化的基础上，传统的集合型价值链逐步得到解构、整合和重构，形成模块化的新型价值链，价值模块和模块化价值链在共同的界面标准下交叉连接，从而形成的企业价值网络。[③]

刘刚在研究战略性新兴产业的发展时采用了价值网方法，他提出“价值网络是指通过经济行为主体的相互联系和作用创造价值的动态复杂网络”。他强调价值网络的动态性，并在此基础上初步构建了动态演化价值网络理论。主要包括三个内容：第一，价值网络是一个由单一主体网络向多主体复杂网络的发展和演化的过程，可划分为研究网络、开发网络和生产网络；第二，价值网络的价值创造是经济行为主体的相互联系和作用的结果；第三，价值网络内部各经济行为主体之间的相互联系及方式，都是动态演化的。[④]

卢泰宏等[⑤] 认为，由于产生背景和特性上的差异，价值链模式与价值网模式有着各自不同的适用范围。但从价值创造的角度看，价值网模式是对价值链模式的颠覆性变革，具体表现在六个方面。如表 1.1 所示。

---

① 张燕，2002. 价值网——种新的战略思维组合 [J]. 价值工程（2）.

② 迟晓英，2003. 价值网及节点价值链的系统研究 [D]. 上海：上海交通大学 .

③ 余东华，2008. 模块化企业价值网络 [M]. 上海：格致出版社：23.

④ 刘刚，2012. 战略性新兴产业发展的机制和路径：价值网络的视角 [M]. 北京：中国财政经济出版社：31–32.

⑤ 卢泰宏，周懿瑾，何云，2012. 价值网研究渊源与聚变效应探析 [J]. 外国经济与管理（1）.

表 1.1　价值链与价值网模式比较

| 对比要素 | 价值链 | 价值网 |
| --- | --- | --- |
| 时代背景与经济特征 | 20 世纪 80 年代前：资源经济 | 20 世纪 90 年代末：知识经济 |
| 理论基础 | 交易成本理论 | 范围经济理论 |
| 关注核心 | 企业 | 顾客 |
| 思维方式 | 线性思维 | 网状思维 |
| 行业边界 | 边界清晰、纵向延伸 | 边界模糊、多向延伸 |
| 产品生产方式 | 大规模生产 | 顾客定制 |

综上所述，国内外学者对价值网的研究经历了链式思维到网状模式的转变，目前的价值网研究还没有形成一个完善的体系，对于数字出版产业发展过程中的价值网的构建和优化基本上尚未涉及。因此，应用价值网的理论来分析数字出版商业模式的创新不仅是学术上的研究方向，同时也对数字出版的产业实践具有很强的指导作用。

## 第三节　研究的思路、内容和意义

### 一、研究的对象、思路和方法

1. 研究对象

本研究以价值网理论为基础，主要以我国的出版企业为研究对象，对数字出版商业模及其创新进行研究。

出版企业是数字出版产业链中的一个重要环节，主要从事选题策划、内容获取、编辑加工、产品生成和营销等活动。从产业链的角度看，其上游包括作者或内容提供商、技术提供商等；其下游包括渠道商、终端设备商等。目前我国开展数字出版业务的出版企业从来源上看主要有三类：第

一类是经过数字化转型并开展数字出版业务的传统出版企业，如中国出版集团公司、人民卫生出版社、电子工业出版社等；第二类是在数字化浪潮中应运而生的新型出版企业，如清华同方、阅文集团、中文在线、掌阅科技等；第三类是在产业融合背景下涉足数字出版活动的其他行业中的企业，如百度、阿里巴巴、得到（天津）文化传播有限公司（罗辑思维、得到APP运营商，涉足电子书、在线教育、有声书等）、上海证大喜马拉雅网络科技有限公司（喜马拉雅FM运营商，涉足有声阅读、在线教育等业务）等。本书以第一类企业即开展数字化业务的传统出版企业为主要研究对象，基本不涉及后两类企业。

2. 研究思路

本书研究按照提出问题、分析问题、解决问题三个步骤展开。

（1）提出问题。从我国数字出版产业发展与出版企业商业模式运行现状出发，提出本研究的基本问题：数字出版商业模式创新是推动我国出版产业顺利发展的必要途径，然后通过数字出版商业模式研究的文献综述，确定本研究的基本角度和内容。

（2）分析问题。通过数字出版商业模式创新的理论基础的梳理及其基本理论体系的构建、国内外数字出版商业模式创新的现状和问题研究，建构数字出版价值网商业模式的分析框架，分析我国数字出版商业模式创新所面临的主要问题及原因，为解决问题奠定基础。

（3）解决问题。在以上研究基础上，以价值网商业模式分析框架为理论基础，对我国出版企业的数字出版商业模式创新的方法和步骤提出建设性建议。

3. 研究方法

本书属于交叉学科的应用研究范畴。将价值网理论应用于数字出版商业模式创新研究，涉及出版学、经济学、管理学的理论和方法。本书将根据研究需要对有关理论择而用之，在具体方法的应用上，课题将综合应用以下方法开展研究：

（1）文献研究法。深入研究相关文献及形成概念、模型的建构理论基础。

（2）专家访谈法。通过专家访谈（出版企业领导、专家学者等不同身份人员参与的深入访谈），发现当前出版企业数字化发展及商业模式创新所面临的主要问题，探测价值网理论、商业模式理论的实用性。

（3）实地调研法。深入实际调查出版企业在数字化转型过程中的客户定位、价值定位、合作伙伴的建立、主要业务活动等，为提出数字出版价值网商业模式构建和升级方案提供实际支撑。

（4）案例研究法。通过对成功出版企业的具体分析，把握数字出版价值网商业模式构建和优化过程中具有一般性规律的思路和方法。

## 二、研究框架和内容

本书在数字化、全球化出版产业环境下，以价值网理论和方法和数字出版理论为主要依据，为我国数字出版的商业模式创新发展问题提出解决方案。

基于如图 1.2 所示研究思路和框架，本书主要包括如下内容：

第一章，导论。数字出版商业模式创新研究提出的背景、意义、国内外研究现状，本书的研究对象、研究思路和方法等。

第二章，数字出版商业模式创新的理论基础。从商业模式及商业模式创新理论和价值网理论两个等方面探讨数字出版商业模式创新的理论基础，构建基于价值网的商业模式创新的分析框架，为数字出版商业模式创新提供分析框架和理论依据。

第三章，数字出版商业模式创新的产业基础。从数字出版产业的经济特征出发，基于我国数字出版产业发展的历史、现状和问题，分析我国出版企业数字出版商业模式的主要类型、存在的问题及发展的制约因素。

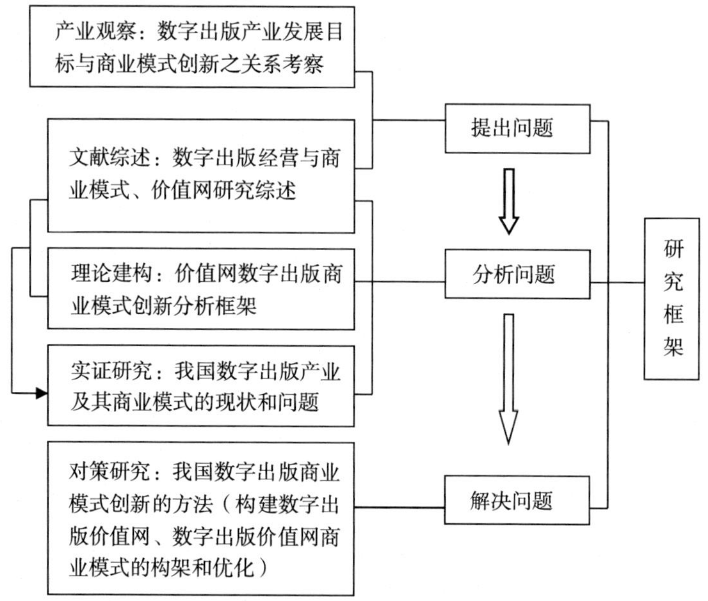


**图 1.2　本书研究框架**

第四章，数字出版价值网的形成。价值网的形成是企业价值网商业模式构建和运行的基础。从企业的外部压力和内部驱动因素两个方面剖析我国出版社数字出版价值网生成的动力机制，在此基础上分析传统出版价值链的解体、重构和数字出版价值网的形成。

第五章，数字出版价值网商业模式的构建途径。商业模式不是在产业发展过程中自然演化而成的，需要出版企业通过精心的设计和实施才可能建构起来。对于转型升级缓慢的传统出版社来说，数字出版价值网商业模式的构建不仅需要建构健全的商业模式要素及其运行机制，还需要企业从战略高度全力推进数字出版业务的开展。

第六章，数字出版价值网商业模式的优化。基于作者、读者和内容三个数字出版经营的基本要素，提出出版企业价值网商业模式优化升级的基本思路和方法，即建立知识网络、读者网络和作者网络，打破知识、读者、作者之间静止的、孤立的状态，形成动态实时联动。

结语。总结本书的基本结论、观点，取得的突破和尚存的不足。

## 三、研究意义

从理论角度看，本研究通过借鉴管理学、经济学等其他学科领域有关商业模式创新、价值网等方面的理论成果，结合数字出版产业的运作实际，探索数字出版价值网商业模式创新研究的理论基础和形成机制，提出数字出版价值网商业模式构建和优化的基本方式、方法，可以弥补当前数字出版研究的薄弱环节，有利于促进管理学科、经济学和传播学研究的整合与互补，拓展交叉学科研究领域，形成跨学科的学术成果。

从产业实践角度看，本研究以数字出版企业的价值网商业模式构建和优化为主要内容，通过解决当前制约我国数字出版产业发展的主要问题，为出版企业开展数字化经营业务提供可行性建议，促进数字出版产业发展。

# 第二章　数字出版商业模式创新的理论基础

在数字技术的催生下，数字出版产业得以萌芽和发展，出版企业在传统出版价值链之外逐渐发展出新的价值创造系统，进而构建新的商业模式。自 20 世纪末开始兴起的商业模式理论、价值网理论为数字出版商业模式创新奠定了理论基础，也为建构价值网视角下的数字出版商业模式分析框架提供了依据。

## 第一节　商业模式及商业模式创新

互联网时代的来临和知识经济的飞速发展，为企业在运营流程重构、商业模式变革等领域提供了机会，许多新兴商业模式应运而生。如跨越企业边界可汇聚供应商和消费者匹配供需双方的亚马逊、当当、京东等 B2C 出版物交易平台；为引领用户对手机需求向娱乐化、多元化转变，由苹果、谷歌等公司推出的应用商店内容平台；由盛大文学开创的基于微支付的网络文学商业模式；基于创意和版权全产业链运营的融合发展模式等。商业模式和商业模式创新在对于数字出版产业的发展日益重要。

## 一、商业模式的概念和内涵

商业模式（Business Model）一词最初主要出现在创业学的文献中，20 世纪 90 年代中期，随着互联网在商业领域中的普及而开始流行，它成为人们常用的描述互联网环境下新商业现象的一个关键词。然而，无论在商界还是学界，大家对商业模式的实质内涵和定义解析却是众说纷纭、各执一词。国内著名的战略管理学家马浩通过梳理有代表性的商业模式的定义，发现了商业模式最为核心的三个构成部分：价值主张与创造（Value Creation）、价值提供与交付（Value Delivery）、价值捕捉与收获（Value Capture）。[①] 基于此可以认为，商业模式是指企业价值创造的基本逻辑，即企业在一定的价值系统中如何通过为客户创造价值从而为自己收获价值。

与核心构成部分相一致，如上商业模式的概念表述包含了三层含义。首先，一个企业要选择为谁创造价值，创造什么样的价值。为此，企业需要清晰地界定其目标客户群体，深入理解客户的需求，并提出相应的解决方案。其次，企业要通过一系列的资源配置和活动安排来创造和传递价值。最后，企业必须具有清晰且可持续的盈利模式，来保障在整个价值创造体系中获得属于自己的价值。在商业模式的应用实践中，价值创造、价值交付和价值收获三个部分是环环相扣的有机整体，任何一环受阻，都会影响整个商业模式的正常运行。

## 二、商业模式创新的概念和特点

20 世纪末，雅虎、亚马逊等互联网企业在短时间内迅速崛起，美国政府对一些商业模式创新授予专利，引发了企业对商业模式创新的关注。2000 年互联网泡沫的破裂使人们认识到，在全球化浪潮下，技术变革加快，

① 马浩，2015. 战略管理——商业模式创新 [M]. 北京：北京大学出版社：23-25.

商业环境不确定性因素增加，决定企业成败的最重要因素不是技术，而是商业模式。所以，如何创新并设计出更好的商业模式，就成为商业界关注的新焦点。

“创新”的概念可以追溯到熊彼特，他提出创新是把一种新的生产要素和生产条件的新结合引入生产体系。创新有五种形态：开发新产品、推出新生产方法、开辟新市场、获得新原料来源、采用新产业组织形态。显然，相对于熊彼特的创新类型来说，商业模式创新是一种新的创新形态。

商业模式创新是指企业价值创造基本逻辑的创新变化，即把新的商业模式引入社会生产体系，并为客户和自身创造价值。与其他的创新形态相比，商业模式创新具有三个明显的特点①：

第一，商业模式创新以企业外部客户为源头和根基。进行商业模式创新的企业应该从自己的战略意图出发，通过解构外部环境和分析客户价值来寻找市场空隙，再整合外部资源和重构产业生态以逐步建构自身的能力和资源，推动和影响新系统的形成，最终打破行业既有的价值系统，建构新的最优行为准则。

第二，商业模式创新注重遵循无边界拓展原则。用于进行商业模式创新的企业在明确既有业务边界的同时，努力在业务边界以外发现新的市场需求，而不是一味固守自己的业务范围；通过与不同的利益相关者建立利益和交易关系来构建利益共同体，从而构筑以自己为核心的商业生态系统。

第三，商业模式创新强调竞合，能够拓宽企业竞争优势的来源。商业模式创新强调价值共创，不同企业之间是既竞争又合作的关系，企业竞争优势来自于企业所在的外部生态系统。它需要一种全新的经济系统来协同上下游的利益相关者，构建一种局部闭环的价值逻辑。实施商业模式创新的企业，会在新的商业生态系统中谋求盟主地位和交易结构中的枢纽地位，

① 王雪冬，董大海，2013. 商业模式创新概念研究述评与展望 [J]. 外国经济与管理（11）.

而不是简单地追求传统意义上的差异化和低成本；并根据局部闭环价值逻辑来设计交易结构，在协同共赢和分享价值的前提下构建一条由全体利益相关者参加的价值的链条，最终形成基于商业生态系统的竞争优势。

## 第二节　价值网理论

### 一、价值网理论的诞生

20 世纪 80 年代以来，世界经济经历了“从传统的价值链向价值网的转变”“企业通过与合作伙伴和客户的协作来创造价值”。[①] 与此经济转型相适应，管理学界对企业价值体系的研究也经历了从价值链向价值网的发展。

为识别构成企业竞争优势的各种资源，美国哈佛大学商学院迈克尔·波特教授于 1985 年在《竞争优势》一书中提出了“价值链”（Value Chain）的概念。波特是在研究跨国企业的战略管理中引入价值链分析工具的，他认为价值是客户对企业提供给他们的产品和服务所愿意支付的价格，企业创造价值的过程可分解为设计、生产、营销、交货及对产品起辅助作用的一系列经济活动，这些互不相同但又相互关联的生产经营活动，构成了一个创造价值的动态过程，可以用一个水平价值链表示出来。

波特的价值链通常被认为是传统意义上的价值链，较偏重于从单个企业的角度来分析企业的价值活动、企业与供应商之间可能的链接及企业从中获得的竞争优势。随着信息技术的迅猛发展，消费者的需求日益多样化，这就使社会分工更加细化，致使价值链的增值环节变得越来越多，结构也更复杂。价值链的不断分解，使市场上出现了许多相对独立的具有一定比

① 于海澜，2009. 企业架构：价值网络时代企业成功的运营模式 [M]. 北京：东方出版社 .

较优势的增值环节。这些原本属于某个价值链的环节一旦独立出来，就未必只对应于某个特定的价值链，它也有可能加入到其他相关的价值链中去。于是出现了新的市场机会——价值链的整合。因此，一些学者提出了新的价值链思想，新价值链不是由增加价值的成员构成的链条，而是虚拟企业构成的网络，它经常改变形状、扩大、收缩、减少、变换和变形，被称为“价值网”。

## 二、价值网的概念

### 1. 价值网的界定

价值网的概念最早是美国学者亚德里安·斯莱沃斯基（Adrian Slywotzky）在《发现利润区》（*Profit Zone*，1998）一书提出的，但到目前为止学术界对此概念仍缺乏统一的界定。据程巧莲的不完全统计，现有的价值网定义至少有15个以上；学者们从供应链管理、组织结构、模块化组织、流程再造、产业融合等角度对价值网概念进行了多种阐释，[①] 其中比较典型的定义有如下几种。

威廉恩·达维多（Willian Davidow）和米哈尔·马龙（Miehael S. Malone）在研究虚拟企业时，将价值网定义为：是以满足市场需求为目的，由一些相互独立的厂商、顾客，甚至是同行的竞争对手，通过信息技术联成的、临时的、共享技能、分担成本的网络组织。[②]

图卢瑞（S. Tulluri）和贝克（R. C. Baker）在研究高效业务流程联盟的数量框架时，将价值网定义为：一些相互独立的商业过程或企业的暂时联合就是价值网络，这些企业在诸如设计、制造、分销等领域分别为该企业

① 程巧莲，2010. 从供应链到价值网的企业制造能力演化研究 [D]. 哈尔滨：哈尔滨工业大学 .

② DAVIDOW W，MIEHAEL S MALONE，1992.Virtual enterprise forbes[J].Deeeober（7）.

联盟贡献出自己的核心能力。①

格瑞纳（Grainer）和麦梯斯（Metes）在研究外包业务时，将价值网定义为：是一个领导型企业和其他组织在内部或外部形成的联盟，这个联盟能在非常短的时间内建立起某种特定产品或服务的世界一流的竞争能力。②

李垣和刘益在研究价值创造的管理模式时，将价值网定义为是由效用体系、资源选择、制度与规则、信息联系、市场格局和价值活动等基本要素构成的系统。不仅仅反映了组织间物质活动的联系，而且从组织间的效用联系、资源选择、与市场和组织内制度相联系的网络制度与规则、信息联系等方面构成了价值创造系统。③

企业再造所依托的价值网的定义：是指在网络经济环境下，实现企业变革与重组再造，所有成员企业通过信息技术等手段将各价值子系统的核心能力和资源集成在一起，以取得最大价值增值和满足顾客需求为目的，共享资源、优势互补，取得最大竞争优势的价值创造网络体系。④

本书认为，价值网是在日益复杂的市场环境下企业价值创造系统发展的一个必然趋势，它是由主导企业设计的，以创造最大化客户价值为目标，吸引资源和能力互补者参与的一系列的价值创造活动，以网络的形式连接而成，通过实现整体价值最大化，最终与合作者分配价值的共赢网络。

2. 价值网与价值链的联系和区别

价值网是在价值链基础上形成发展起来的，二者之间具有密切的联系。

首先，从理论上看，波特的价值链理论将企业价值活动看作线性链条，

① TULLURI S，BAKER R C，1996.A quantitative framework for designing efficient business process allianee[J].International conference on engineering management and control.IEMC.

② GRAINERR，METES G，1996.Has outsourcing gonetoo far[J].Business week（1）.

③ 李垣，刘益，2001. 基于价值创造的价值网络管理 [J]. 管理工程学报（4）.

④ 范高贤，2010. 基于价值网的企业再造研究 [D]. 北京：北京交通大学 .

企业和外部的联系被看作利益相关者之间的点对点的联系。价值网理论对上述理论进行了拓展和提升，认为价值网络赋予了供应商、合作伙伴、客户等利益群体对企业资源的进入权，企业价值网络是通过网络中不同层次和不同主体之间的互动关系而形成的多条价值链在多个环节上网状的联系和交换关系。

其次，从结构上看，价值链是链状结构，价值网是网络结构；价值链上的各环节按照一定的先后顺序依次进行价值的增值活动，价值网上的各节点则按照价值最大化的原则协同进行价值创造。

再次，从形成机制上看，价值链模型是构建价值网的元素，即价值网组织者通过对各参与企业价值链进行有机集成来形成价值网。价值链利用具体资产构建行业价值链，而开放网络流动的环境不太适合长链接的相对固定关系。在价值网中形成的关系必须像价值网所处的环境一样是流动的。

最后，从利益诉求看，价值网是对价值链的集成，它是信息技术飞速发展，经济全球化和专业化分工日益发展的产物，价值网络的思想打破了传统价值链的线性思维和价值活动顺序分离的机械模式。它围绕顾客价值重构原有的价值链，使价值链的各个环节，不同的主体按照整个价值最优的原则相互衔接、融合、动态互动。利益主体在关注自身价值的同时，更加关注价值网络上各节点的联系，冲破价值链各个环节的壁垒，提高网络在主体之间相互作用及其对价值创造的推动作用。价值网日益成为企业价值链在激烈竞争的市场环境中参与竞争的载体，而价值网中的企业成为价值网的节点。

价值链与价值网的区别主要表现在五个方面。①价值链关注供应、生产的环节，目的是降低成本、提升效率；价值网则关注如何为客户创造更大的价值，并改善与供应商的合作关系。②价值链关注企业生产环节的效率提升和企业主体价值的最大化；而价值网则关注整个网络成员共同效率的提升和整体竞争优势的增强，在此前提下各个成员企业价值的提升。③价值链仅仅把供应商看作供求的价值交换关系，企业与供应商的关系是零和博弈游戏，企业常常以供应商利益为代价，达到降低成本、提高利润的目的；价值网则把供应商视为经营一体化的合作伙伴，并且网络中的成员企业对其经营理念有高度的认同。④价值链是将客户看成价值实现的最终环节，通过营销活动向他们推销产品，并开展售后服务；价值网则把客户作为企业价值创造的参与者，客户成为价值网的一个重要的组成部分部分，企业通过强化与顾客的沟通与客户共同创造价值。⑤价值链模式下，公司主要采用的是成本领先战略或产品差异化战略，通过达到行业最低成本或使产品或服务具有独特性来获取竞争优势，很难做到低成本与高质量兼而得之。而价值网模式体现的是目标集聚战略，公司把战略目标锁定在某个特定市场，通过为顾客提供超级服务、方便的解决方案或个性化产品和服务使公司的产品突出出来。与此同时，价值网通过其优异的业务流程设计，使其每位成员均在自己的核心能力环境上进行低成本运作。所以在价值网模式下，企业可以在产品差异化的同时实现成本领先的战略。

## 三、价值网的结构、要素和基本活动

为了不断提高运作效率、优化资源配置、增强核心能力，企业通过对传统的集合型价值链进行解构、裂变、整合与重建，形成了具有兼容性、可重复利用、符合界面标准的价值模块，再将价值模块按照新的规则和标准在新的界面上进行重新整合，形成新的模块化价值链。具有不同模块化价值链的企业通过相互间的合作把各自的价值链连接起来，转化为企业之间的价值星系，进而演变成企业价值网。

1. 价值网的基本结构

从企业价值网的基本形态看，它包括企业内部价值网络和企业外部价值网络。企业内部价值网络是以一个或多个核心能力要素为中心，由企业内部不同的价值链和价值模块组合而成的网络系统。企业外部价值网络是利益相关者之间相互影响而形成的价值生成、分配、转移和使用的关系及其结构，不同的企业价值链和价值模块相互交织组成网络状的价值系统，形成企业外部价值网络。从企业价值网的构建角度看，内网系统是外网系统的基础，内网系统就像是一个“插座”；外网则是各种不同的应用系统，不同的企业可以拥有不同的外网系统，但“插座”却是一样的。

2. 价值网的构成要素

企业价值网的构成要素主要有四个：客户、核心企业、合作企业、规则和协议。

客户是价值网的战略核心，也是价值网价值创造的源泉。价值网的“客户”有两层含义：一是价值网内部的客户，即节点之间互为客户；二是价值网作为整体所面对的客户，即价值网整体为之提供产品或服务的客户，也是通常所指的价值网的客户。本书所谈的客户主要指后者，也是整个价值网的终端客户。以客户为中心是价值网的经营战略制定的起点，直接影响价值网的盈利模式、结构设计、组织运营和协调管理。以客户为中心是价值网价值创造和节点间关系的根本出发点，价值网的组织者和其他节点企业是在这种共识的基础上完成自身的功能。价值网内部节点之间的价值传递以满足客户需求为前提的，并以客户需求为中心。

核心企业是价值网的灵魂，也是价值网的组织和构建者。核心企业在价值网形成中发挥着至关重要的作用，它以品牌核心企业或模块系统集成商的身份，以横向行业价值链（价值模块）和纵向资源供应链连接的商务伙伴（合作企业或能力单元）为对象，编织和推动价值网络的形成，进而主导价值网络的运作方式；或作为网络联盟盟主在制定战略规划时，更多地考虑整个网络的资源最优化和提升其整体竞争力①。在计算机网络环境下，价值网的核心企业依托于先进的电子商务平台，构建敏捷扁平化的组织结构，以降低组织管理的复杂度，实现协同计划、协同设计、协同采购、协同生产、协同配送、协同服务等关键流程的持续优化；其次是在统一标准的信息交互基础上，建立包括统一的组织结构、产品结构、项目工作结构和会计科目结构等编码体系。核心企业并不是所有企业都能充当的，它一般具备 6 个特征：①在行业的细分市场中具有很强的竞争地位和核心竞争能力；②具有很强的企业设计能力，即能跟踪甚至预测客户需求偏好的变化趋势，制定出与客户偏好相匹配的经营战略和盈利模式，能够在丰厚的利润区中运营；③具有持续稳定的盈利能力和经营管理能力，并具有先进的经营理念，同时还能够很好地控制相关行业的制高点，并能在价值发生转移时，迅速占领下一个制高点。④具备雄厚的实力，能够在价值网中的基础设施构、建知识共享、技术标准的制定与提升、企业文化理念的协调方面，进行一定的投资，也可以通过产权投资，来保证价值网主要节点企业的步调一致。⑤能够充分了解获得价值增值需要的多种核心能力，并能对相关企业进行核心能力的识别和提取。⑥具有合作的经营意识学习及协同整合能力。在跨企业的模块化整合中，绝大多数企业只能做节点，作为节点的企业根据自己的能力和核心资源，融入价值网络。一些具有较强协调能力和价值网络中核心能力要素的企业，脱颖而出成为企业价值网络中的核心企业。

价值网的合作企业可以是核心企业的上下游企业，也可以是同行业中优势互补者等，它们与核心企业通过各种方式建立起战略合作关系。合作

① 盛革，2009. 基于模块化的价值网系统构造及运作模式研究 [J]. 工业经济（5）.

企业中的每个成员都拥有自己的核心竞争优势，并且这些优势可以互补。另外，合作企业之间信息高度共享（共享的程度要看合作的范围），在充分共享信息和知识的基础上，利用彼此的互补优势和资源，共同满足客户的多样化需求。正是由于彼此之间的资源共享与优势互补，合作企业可以创造合作价值[①]。

规则和协议是价值网中各成员企业建立联系并顺利运行的关键。价值网的构建和运行需要建立在各成员企业共同达成的规则和协议基础之上的。这些规则和协议可以由合作协议、供需合同、技术标准等文件构成，主要由核心企业负责执行，供各成员企业共同遵守。在这些规则和协议中，须对成员企业利益的平衡进行定义，并指明利益平衡随时间调整，还要定义各成员企业的角色和责任。

3. 价值网的基本活动

价值网作为一个复杂的价值创造体系，其基本的价值活动包括三种：价值创造、价值传递和价值分配。

价值创造是在投入产出过程中，产出价值大于投入价值而实现的增值活动。价值网中价值创造过程是一种联合投资的行为，它是包括供应商、生产者和顾客等各利益相关方，在价值网所有资产的基础上，通过生产、交易和消费等过程实现的。价值网之所以能够持续发展，是因为其所创造的价值大于各成员企业单独运营所创造价值的总和，各个成员企业获得持续的价值增值，满足了企业在激烈的竞争中创造更大价值的需求。

价值传递是企业通过各种营销渠道把所开发和创造的价值传递给消费者的过程。在价值网中，企业之间的价值传递遵循价值交换和交易成本理论，并与价值创造过程和交易过程相联系；其前提是产品和服务能够实

① 陶之盈，胡河宁，2006. 基于内网与外网模型的价值网结构分析 [J]. 技术经济与管理研究（5）.

现顾客价值，并小于顾客所获得的价值；其范围通常受产出产品所满足的顾客需求及其适应顾客群的限制，直接与顾客服务增值及企业的利润相联系。价值传递的本质是原本属于企业的利润通过顾客增值服务而传递给了顾客[①]。

价值分配是指把从客户那里获得的总价值按照各成员企业贡献的大小而进行的利益分配活动。价值网中的价值分配，关键因素是成员企业在价值网中占有资源的相对地位、比例及对价值网价值创造贡献的大小。每个成员对价值网利益的分享依赖于它在价值网中特定的地位及其对价值网的价值贡献度，一般来说，价值网中的核心企业在价值分配中占据主导地位，决定着各合作企业的价值分配份额。掌握关键性资源优势的企业和对价值网提供重要资源，贡献较大的企业会得到更多的利益份额。反之，不占有重要资源，价值贡献较小的企业则只能要求较少的利益份额。

价值网是动态的，伴随着产业的兴起、发展而形成，也随着产业的衰落而变化和消亡。在一个产业尤其是战略性新兴产业的启动或导入阶段，产业发展的主导者是创新性中小型科技企业，而不是现有的在传统产业中居主导地位的大型企业；这些小型企业在运营时“不可能依赖现有的生产网络，需要构建新的价值网络”“新的价值网络不仅涉及作为价值网组织者的创新主体，而且包括作为价值网络参与者的企业、大学和科研机构和政府”，所以新兴产业的启动和发展本质上表现为新的价值网的形成和演化过程。[②]

## 第三节　基于价值网的商业模式分析框架

学术界对于商业模式定义和构成要素认知的不同，带来对商业模式分

① 张传平，王丹，2006. 创造价值的新型模式——价值网 [J]. 商场现代化（4）.

② 刘刚，2012. 战略性新兴产业发展的机制和路径：价值网的视角 [M]. 北京：中国财政经济出版社：27–30.

类及其分析框架的巨大差异。王琴在前人研究基础上将商业模式分类三类：一是基于价值链的商业模式分类；二是基于内外混合的二维商业模式分类；三是基于企业与顾客的一般分类。①高天亮②基于企业价值创造逻辑体系把商业模式归结为价值链商业模式和价值网商业模式两种，并提出商业模式的分析框架。吴朝晖③、尹丽英④等人从价值网角度提出了基于价值网的商业模式分析框架。数字出版研究专家张立所带领的数字出版商业模式研究团队，主要从版权经营的角度把数字出版的商业模式划分为三类：基于传统版权的商业模式、基于开源的商业模式、基于数字版权保护技术的商业模式。⑤基于本书研究的目的和角度，本书采用高天亮的观点，把数字出版的商业模式划分为价值链和价值网两类；并结合其他的研究成果，提出基于价值网商业模式框架。

## 一、价值链商业模式和价值网商业模式

从本质上说，商业模式是企业价值的实现体系；在激烈竞争的市场经济环境下，任何企业价值的市场都是以客户价值的实现为前提，所以，客户价值和企业价值一样是企业商业模式中的基本价值主体，而这两者之间的价值交换需要通过价值创造体系得以实现。基于前文的论述，当前企业的价值创造体系有线性的价值链和网络状的价值网之分，可以把它们所对应的企业商业模式划分为价值链模式和价值网模式。

价值链商业模式简称价值链模式，是指企业价值与客户价值在单一的价值链体系中实现，不同产业（业务、产品）之间不发生关联关系，也不

① 王琴，2010. 跨国公司商业模式 [M]. 上海：上海财经大学出版社 .

② 高天亮，2013. 基于价值网理论的商业模式研究 [M]. 广州：世界图书出版公司：61.

③ 吴朝晖，吴晓波，姚明明，2013. 现代服务业商业模式创新 [M]. 北京：科学出版社 .

④ 尹丽英，苗艳花，王杏，2016. 基于价值网络要素的商业模式创新 [J]. 企业管理 .

⑤ 张立，汤雪梅，介晶，等，2016. 数字出版商业模式研究 [M]. 北京：中国书籍出版社 .

存在不同时间、不同地点的价值交换。建立在价值网基础上的商业模式，企业通过联合企业的市场主体共同为客户价值，并且在其不同产业（业务、产品）、不同时间、不同地点之间存在着广泛的价值创造和价值转移关系，可称为价值网商业模式，简称为价值网模式。价值链模式和价值网模式的基本区别在于企业在产业价值体系中的交换方式，采取价值链模式的企业与客户及其他上下游企业（如供应商、渠道商等）之间的价值交换是单一的价值交换关系，企业内部的不同业务和产品之间是割裂的，很少相互联系；而价值网模式中，企业与客户及其他关联企业之间存在着广泛而普遍的价值转移和价值交换，不同企业内部不同的业务和产品之间高度关联，相互促进。

## 二、数字出版价值网商业模式的框架

根据价值网和商业模式的构成和运行方式，我们认为数字出版价值网商业模式由四个基本要素和八个重要属性组成，价值主张、价值创造、价值实现、价值维护构成了企业商业模式的基本框架，目标客户、产品与服务、资源配置、渠道管理、成本结构、收入模式、合作网络、客户关系是支撑商业模式的重要属性。商业模式的这四个要素缺一不可，没有好的价值主张，企业的商业模式就没有基本的立足点；没有切实高效的价值创造和价值实现机制，再好的价值主张就会落空；而缺乏价值维护机制，企业的客户和合作伙伴就可能流失，企业价值网就难以维系，从而导致整个出版企业商业模式的失败。

### 1. 价值主张

价值主张包括目标客户、产品和服务两个属性，是企业提供给客户的特殊利益组合，这意味着向特定的客户提供独特的产品和服务，并向客户

传递区别于市场竞争者的核心价值观。一个商业模式针对不同的客户细分群体，可能包含一个或几个不同的价值主张。对于数字化转型过程的出版企业来说，其数字出版商业模式确立的基础在于提出清晰而独特的价值主张，面对既有的或新确定的客户群，它可能是创新性的产品和服务，也可能对原来产品或服务的改进；但不能再沿袭原来商业模式的价值主张。企业根据不同的客户群体确定企业价值主张，客户群体的确定也是企业客户价值实现的前提。商业模式的价值主张应当与企业的战略和所拥有的资源相匹配。

2. 价值创造

价值网商业模式的价值创造是实现价值主张传递的保障，强有力的价值创造能够保证企业按照精心设计的价值主张向目标客户高效率地提供产品和服务。出版企业在构建创造价值体系时，需要将企业所拥有的资源和渠道与价值主张相匹配，还需要不断培育符合这种价值主张的能力和资源。

价值创造由企业的资源配置和渠道管理两个属性支撑实现。资源配置包括企业的核心资源和能力、合作网络、价值配置等。对出版企业来说，核心资源和能力是企业核心竞争力的最主要来源，它包括内容资源、品牌、人力资源、客户关系等；合作网络是企业为数字出版业务而构建的与技术商、渠道商、设备商，甚至竞争者之间的合作关系，保障价值创造的顺利实现；价值配置是企业资源和活动的安排。渠道管理的目的是在合适的时间、场景，通过合适的媒介为不同客户群提供合适的产品或服务，企业可以依据自己的价值取向来进行渠道布局，它又可包括信息渠道和信息终端两个方面。数字出版发展的一个明显趋势是从内容产品的提供向信息流、知识流和互动服务等方面的转变，对信息传输渠道和信息终端的依赖度越来越高。

3. 价值实现

价值实现是企业进行商业模式构建与创新的目的。当企业确立了一个好的价值主张，并经历了价值创造过程，但如果没有良好的价值实现方式，商业模式就徒有其表。

价值实现由收入模式和成本结构两个属性支撑。收入模式是指企业如何赚钱，包括收入来源和定价机制构成。数字出版的收入来源形式多样，包括购买收费、订阅收费、阅读收费、授权收费、广告收费等；由于服务和收入方式的多元化，数字出版产品和服务的定价机制也很灵活，包括固定定价、动态定价以及基于两者的结合等。成本结构是企业开展数字出版业务中所消耗的成本，包括直接成本、管理费用、销售成本等。

4. 价值维护

价值维护是企业价值创造体系循环运行的基础。数字出版所具有的网络性和平台经济的特点，决定了出版企业与客户、合作伙伴之间关系的重要性。价值维护由客户关系和伙伴网络两个属性予以支撑。价值网商业模式是以客户价值为中心而展开的，维持相对稳定的客户群体、吸引新顾客并与客户保持良好关系是企业价值维护的重要手段；所以，客户关系界定了企业与客户和潜在客户之间进行相关信息交流、获取客户信息的方式，使客户关系管理直接服务于企业行为。在价值网络中，出版企业与其他经营主体（如技术服务商、渠道商、终端设备商、内容提供商等）之间的伙伴关系比较复杂，可能是竞争、合作、互补等关系，企业要以合作共赢的原则处理与伙伴的关系，保障企业和伙伴在实现客户价值的前提下实现各自的价值。

如上所述，基于以上基于价值网络的商业模式及其运行方式就基本显现出来，如图 2.1 所示。整个商业模式以客户价值为中心，以企业的价值

网络为支撑，包括四个基本构成要素和八个主要属性。下文中对出版企业数字出版商业模式的构建及创新分析就以它为框架进行分析。

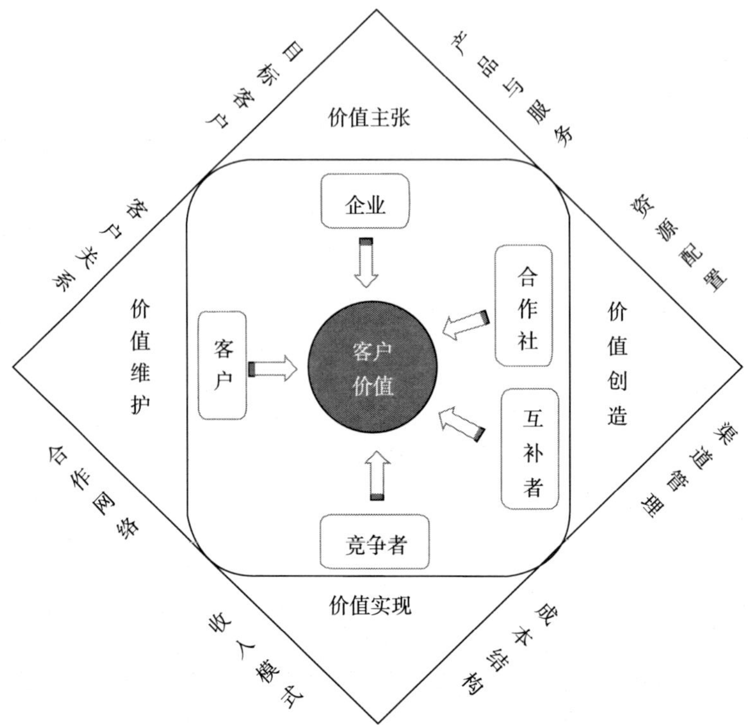


图 2.1　基于价值网的数字出版商业模式框架

# 第三章　数字出版商业模式创新的产业基础

20世纪末期以来，在信息技术的推动下，建立在印刷技术基础上的传统出版产业迅速向数字化方向演化，新兴的数字出版在全球范围内已基本形成，在我国也获得比较长足的发展，成为我国战略性新兴产业的组成部分。分析数字出版的产业特征，把握数字出版产业的发展轨迹，进而考察数字出版商业模式的现状及问题，是分析我国数字出版商业模式创新的实践基础。

## 第一节　数字出版产业基本特征

### 一、数字出版和数字出版产业

#### 1. 数字出版的概念、内涵和特征

数字出版的起源最早可以追溯到1951年美国麻省理工学院的P. R. Bagley对利用计算机检索代码做文摘进行的可行性研究。这一研究导致了

电子出版物雏形的诞生，如 1959 年美国匹兹堡大学卫生法律中心建立的全文法律信息检索系统，1961 年美国化学文摘服务社用计算机编制的《化学题录》等。伴随着计算机技术和互联网技术的不同发展阶段及其出版领域的应用，这种迥异于印刷技术基础上出版活动先后被称为“电子出版”“桌面出版”“网络出版”等；直到进入 21 世纪，“数字出版”才取代以前的概念逐渐成为一种主流的叫法。在国内，自 2005 年中国首届数字出版博览会召开起开始使用“数字出版”，此后，“数字出版”成为行业、学界和政府普遍认同的一个概念。但是，目前国内对这一概念的界定众说纷纭，不同的学者从不同角度进行定义，其中具代表性的有四种类型：从存储介质、载体界定，从业务流程特点界定，从内容管理角度界定，从媒体应用角度界定①。我们认为，数字出版从本质上看和传统出版没有区别，都是为满足个人、社会知识、文化需要的信息传播活动；但与传统出版显著不同的是出版活动所借助的计算机和网络通信技术手段，以及由它引发的知识生产、知识组织、知识传播和知识消费等方式上的变化。所以，从研究出版企业经营层面的实际出发，数字出版可界定为：采用数字技术手段为满足用户需求而开展的知识获取、知识加工和知识服务的传播活动。

传统出版产品是以“印刷文字”为中心，从诞生之初起，印刷术就被看作是展示和广泛传播书面文字的理想工具，之后其用途就“没有偏离过这个方向”②。在纸张上印刷文字形成的图书，在内容和形式上是顺序、固定、孤立的，而且一旦形成，不可修改。而数字技术及与其相伴相生的多媒体表现手段，则是以满足人的阅读偏好为主要特征。在内容和形式上都表现为跳跃、非顺序、关联、可组合，而且产品形成之后还可以修改。陈昕总结了数字出版三个方面的特点：一是具有数字记录、储存、呈现、

① 陈丹，2012. 数字出版产业创新模式研究 [M]. 北京：科学技术文献出版社：33–35.

② 尼尔波兹曼，2004. 娱乐至死 [M]. 桂林：广西师范大学出版社：111.

检索、传播、交易的特点；二是具有在网络上运营，能够实现即时互动，具有在线检索等功能，具有创造、合作、分享的特点；三是能够满足大规模定制个性化服务的需要[①]。

结合前人研究成果，根据数字出版实际，我们认为数字出版活动具有以下四个基本特征：①数字化的生产手段。数字出版活动建立在现代计算机和网络通信技术基础上，从知识的获取、加工、推广、服务到传播的媒介、渠道等，都采用数字技术。而在组织化、规模化的数字内容的生产过程中更需要依赖数字技术，包括基于自然语言的内容信息标引和识别技术、知识搜索引擎技术、数据挖掘技术、数据库技术，以及开放的数字内容编辑平台、数字内容前置审查平台和可再生数字资源多次开发平台等技术。这是数字出版区别于传统出版的物质和技术基础。②便捷化的知识服务。在数字环境下，出版活动的终端服务对象由过去的单一媒介的阅读者转变为多渠道、跨媒体、交互式的用户，数字出版的核心价值在于为用户提供便捷的个性化的知识服务。在网络环境下，数字出版经营者需要跨越所有内容、渠道、媒体、阅读终端等有形或无形的界限为用户提供随时随地的信息和知识服务，并能够实现服务的定制化、互动性和阅读的社会化等功能。这是数字出版活动与其他信息传播活动服务方式上的区别。③多媒体方式的内容呈现。数字出版的内容不再以单一的线性文字信息为主，它具有高度融合、高度开放和非线性特征，借助于数字媒体设备，集文字、声音、图片、影像、动画、三维空间、虚拟视觉等各种媒体手段于一体，可调动用户的眼、耳、口、手等多种感官，实现了内容的多媒体化传播和呈现。这是数字出版活动与传统出版活动在内容形态上的区别。④专业化的传播活动。在数字环境下，人人都可以成为出版者，但只有以满足特定目标用户需求进而获得自身价值的组织才会把出版作为一种连续性活动来经营。

① 陈昕，2008. 美国数字出版考察报告 [M]. 上海：上海人民出版社：4 .

和传统出版一样，数字出版活动的主体主要由各种出版企业构成，它们专门从事知识的获取、加工和传播的活动。这是产业化的数字出版活动和作为个人化的数字出版活动之间的区别。

2. 数字出版产业的内涵和外延

产业是指生产同类产品，并具有密切替代关系的厂商在统一市场的集合。据此可对数字出版产业简单界定为：提供数字出版产品和服务的企业的集合。

数字出版产业从可以从不同的角度进行细分。从数字出版产业从产业链的角度看，构成数字出版产业的企业主要可分为四类：一是数字出版商。主要从事数字内容的生产、加工和传播。大致包括三小类：①开展数字出版业务的传统书、报、刊、出版社，如施普林格、中国高等教育出版社、爱思唯尔等。②从事数字内容集成加工和传播的公司，如谷歌、中国知网等。③从事网络原创资源开发并传播的公司，如盛大文学等。二是数字发行商。专门开展数字出版内容的推广、发行，如亚马逊、龙源期刊网。三是数字阅读运营商。主要通过特定渠道或设备控制终端消费者进而开展活动，如中国移动阅读基地、汉王科技等。四是数字出版服务商。专门为机构或个人的数字出版业务提供技术支持或服务，如北大方正、BioMed Central 等。当然，这并不是严格科学的划分，实际上其中的大部分公司在数字出版产业中同时充当多种角色。从数字出版产品和服务的形态看，目前我国的数字出版产业主要包括九个部分，分别是：电子书、数字报纸、互联网期刊、博客、在线音乐、手机出版、网络游戏、网络动漫、互联网广告；[①] 此外还有近年兴起的在线教育、网络电台、有声书、知识服务等。其中，网络游戏、网络动漫、互联网广告是否应该划入数字出版产业的范畴内，专家们仍争论不已，但在我国的政府统计数据中，它无疑属于数字出版产业的

① 郝振省，2012.2011—2012 中国数字出版产业年度报告 [M]. 北京：中国书籍出版社 .

重要组成部分。随着技术发展和社会需求的变化，数字出版物的形态不断丰富，数字出版产业的边界会不断扩大，内涵也会更加丰富。从社会功能看，数字出版产业与传统出版业相似，可以划分为学术出版、教育出版和大众出版三大部门，分别主要满足科学研究与知识积累、文化教育、娱乐休闲方面的社会需求；此外，还有一种是满足公众信息即时查询需求的实用信息出版部门。

## 二、数字出版的经济特征

随着数字技术的普遍应用、商业模式的趋于成熟、经济规模的迅速壮大等，数字出版作为一个新兴产业的经济特质逐渐显现出来。从形成条件、生产对象、经营方式等维度看，数字出版产业主要的经济特质在于：以信息和知识为核心资源，以版权保护为基础，以获得社会注意力为目标，具有双边市场特性。

### 1. 以信息和知识为生产对象

从本质上讲，出版活动的对象是信息和知识。信息是物质存在和运动的表现形式，知识则是人的大脑通过思维重新组合的系统化的信息。1996年世界经合组织发表了题为《以知识为基础的经济》的报告，认为知识经济是建立在知识和信息的生产、分配和使用（消费）之上的经济。它是相对于农业经济、工业经济而言的新的经济形态。知识经济是把知识作为最重要的资源，并把人创造知识和运用知识的能力看作是最重要的经济发展因素。数字出版产业正符合知识经济的这一本质特征，数字出版的生产、流通和消费都围绕一定的数字内容展开。数字内容是由人类所创造出来的符号化的信息、知识和文化构成，且与传统出版必须借助物质化的载体手段不同，它可以脱离载体而纯粹以信息的方式存在。

相对于传统出版及传媒产业所经营的内容来说，数字出版内容具有更长、更鲜活的生命力。这是数字出版内容两个显著特征决定的：其一，具有多重生命。“内容具有多重生命”的概念是美国学者 Joan Van Tassel 在《数字权益管理》一书中提出的，它“首先是一个初始的产品，其次是一种可以被赋予新的形式的财产——可以被重新包装、重新发布和重新设计；然后通过在几乎没有数量限制的播放器和设备分销、购买；并且通过种类繁多、相互结合的形式来获得体验”。他认为，传统的内容制作阶段包括开发、生产、作品发布、分销和消费。数字环境下的内容所有者则必须加入对生命的重新赋值（包括重新包装、重新表达、重新定位等），如果最终的产品被重新制作、重新分销并且被一个新的用户群体来使用的话。其二是交互性。信息和知识在消费的过程中不仅不会被消耗掉，而且还遵循着边际效益递增的规律，但传统出版的内容完全由它的创造者和传播者决定，一旦“出版”就确定不移，不容更改；而在数字化环境下，数字出版的内容在生产、传播和接受的过程中，可以不断地被修改、增减，甚至消费者也可拥有和作者、传播者同等处理内容的权力（版权保护的作品除外）。

2. 以创意为核心资源

以信息和知识为内容的数字内容是大脑的创造物，其源头是人类的创意，所以，数字出版业无疑是创意产业的重要组成部分。创意是数字出版业的根本源泉，所以，激发、保护并开发创意，进而培养、聚集有创意能力的人就成为数字出版产业获取资源的主要手段。虽然传统出版业也以知识和文化为生产对象，但在信息技术及数字环境下，数字出版摆脱了传统出版业精英化的创作模式、工业化的生产手段和物质化的载体及传播渠道，为创意从创作到消费开辟了无限的发展空间。借用有的学者对创意经济的论述，这一变化“将关注重点从信息、知识等具体方面转向抽象的个人创造性思维层面，从最初依靠科技、网络等人类创造性思维的劳动成果，进而转向具备创造性的个体——人，直至重视培养与追逐具备创新精神的人才”[①]。

以创意为源泉的数字出版产业改变了内容创造传统模式，实现了从精英向大众的转变。《创意经济》的作者约翰·霍金斯认为，创意经济依赖于个人的创意、想法，不会被艺术家等特定人群所垄断，任何人都可以有创意，都可进行创造。国内著名学者厉无畏也指出创意不是大师的专利。这在数字出版业就表现为内容创作者、生产者和消费者之间的界限模糊，进而带来一种用户创造内容、获得资源的新模式。

3. 以版权保护和管理为运行基础

“知识产权和版权是贸易信息时代的原料和基石”[②]。对于数字出版产业来说，版权保护和管理是重要前提和基础。经济学意义上的版权是一种财产权，是对知识、信息及技术成果进行排他性使用、支配的一种权利，其客体是财产权这一无形资产，而不是知识、信息及技术成果本身。信息和知识产品具有公共品属性，在消费上具有非竞争性和非排斥性的特点。相对于其他的信息和知识产品来说，以数字化、信息化存在和传输的数字出版内容，具有更强的公共品属性；同时，数字出版内容的复制和传播的成本都接近零，这就决定了数字出版产业的运行对版权保护和管理的要求更高。

对数字出版产业的内容进行版权保护，其价值和意义在于激励社会有效率地配置和使用知识、信息资源。但在现实实践中，数字版权的保护面临着严峻的挑战。目前，从发展中国家到发达国家，数字出版产业的各个环节，从作家创作到作品的加工、传播直至最终的消费等，侵犯版权的现

① 黄阳，吕庆华，2010. 创意经济：以人为本的经济发展观 [J]. 理论探索（3）.

② 塔瑟尔，2009. 数字权益管理 [M]. 北京：人民邮电出版社：17.

象经常发生。其部分原因在于在该产业运行的各个环节上，针对数字版权的盗版更加容易。此外，至少还有 4 个可能更重要的原因：第一，传统采用的利用法律手段保护版权的方法远远不够，数字版权的保护同时需要技术手段得以实现，但在信息技术飞速发展的背景下，通过技术手段筑起的版权壁垒很易于失效。第二，互联网环境下，普通消费者已经习惯了免费获取网络信息的方式，对数字出版内容缺乏版权意识。第三，更深层的因素在于，在学术研究甚至立法层面还存在版权保护所涉及的版权利益人与公众利益之间平衡问题的争论。第四，数字版权问题已经超出了传统以国家为单位进行立法保护的问题，成为全球性问题。

或许，保护数字版权的技术和法律手段都不会臻于完美，甚至关于版权保护所引发的公共权益问题的争论将继续进行，但数字出版内容的创造者、生产者及其他版权利益相关方，必须通过版权保护和管理才能达到营利的目的，否则，数字出版产业也行之不远。

#### 4. 以获取客户注意力为目标

从产业运营的角度看，数字出版产业是注意力经济，是以获取客户（或读者、受众、用户等）的注意力进而获得商业利益的经济形式。

人们对数字出版物的消费需要支出货币和时间上的双重成本，在物质越来越丰富的背景下，时间对于消费者来说越来越宝贵。为了节约时间成本，消费者需要从海量的信息中选择最重要、最有意义的信息，这种选择机制就是注意。心理学认为，注意是认识（包括感知、记忆、思维等）选择性的高度表现，其注意对象有高度的专一性。而“注意力”，按照托马斯·达文波特和约翰·贝克在《注意力经济》一书中的定义：是对于某条特定信息的精神集中。当各种信息进入我们的意识范围，我们关注其中特定的一条，然后决定是否采取行动。[①] 数字出版从有限的物质化信息生产桎梏中

① 唐朝华，2005. 注意力的特点与商业营销策略 [J]. 湖南科技学院学报（2）.

解放出来，在全新的数字化信息环境中运行，泛滥的信息给消费者的信息消费活动带来严重干扰，也消耗着消费者宝贵的注意力资源。如果内容不能成为消费者注意力所关注的对象，就会成为干扰消费者正常信息消费的“噪音”，其存在的价值就变为负值。所以，从根本上说，数字出版的价值实现方式和运营目标就是吸引并获得消费者的注意力。

最早提出注意力问题的是诺贝尔经济学奖获得者赫伯特·西蒙（Herbert Alexander Simon）：“信息需要消耗什么是非常显而易见的，它会消耗信息接受者的注意力。因此，过量的信息会导致注意力的贫乏。”[①]这种观点被IT业和管理界形象地描述为“注意力经济”（the economy of attention）。最早正式提出“注意力经济”概念的是美国的迈克尔·戈德海伯（Michael H.Goldhaber），其1997年在美国发表了一篇题为《注意力购买者》的文章，认为当今社会是一个信息极大丰富甚至泛滥的社会，而互联网的出现，加快了这一进程。相对于过剩的信息，人们的注意力成为一种稀缺资源。Web2.0技术出现后，中国学者姜奇平（2005）提出了“基于意义的注意力经济”，认为注意力不是一种被动的信息接收，而是一种主动的信息选择；用户根据自身框架所依据的意义进行信息选择。对于厂商来说，不再意味着用广告式推销来消解消费者的选择，相反意味着要通过对话中的意义挖掘接近用户，使用户将注意力真正集中在自己的需求上。[②]

作为一种注意力经济，能否获得受众的注意力资源就成为数字出版产业的运营成败的关键。根据姜奇平“注意力形成与对话循环”“注意力取决于意义挖掘”的观点，数字出版的运营在获取消费者注意力上可以从三个方面努力：一是利用网络技术加强数字出版企业与用户之间的互动，通过大数据技术跟踪、收集、用户的消费行为数据，分析用户的消费习惯和

① 姜奇平，2005. 基于意义的注意力经济 [J]. 互联网周刊（20）.

② 姜奇平，2005. 基于意义的注意力经济 [J]. 互联网周刊（20）.

消费意图；二是从信息加工的观点来看待意义选择过程，用编码、解码的方法，进行语形、语义和语用之间的转换，发掘用户潜意识领域、情感领域等的深层需求；三是利用符号传播、网络互动、个性化定制出版、精准化推送、智能化服务等方法，实现数字内容的生成和传送，最终实现对消费者注意力的捕捉到精神价值的实现。

5. 双边性市场结构

相对于传统出版业来说，兴起于数字、网络技术基础上的数字出版产业的一个独特之处还在它具有双边市场的结构特征。

双边市场理论兴起不久，一般认为其形成的主要标志是2004年于法国图卢兹召开、由国际产业经济研究所（IDEI）和政策研究中心（CEPR）联合主办的双边市场经济学会议。关于双边市场的定义，经济学家们各有不同的说法。Armstrong认为，两组参与者需要通过中间层（intermediary）或平台（platform）进行交易，而且一组参与者（最终用户）加入平台的收益取决于加入该平台的另一组参与者（最终用户）的数量，这样的市场称为双边市场。① 这一定义虽然没有获得研究界的普遍接受，但抓住了双边市场的三个基本要素（平台、买家、卖家）及其基本关系。双边市场一般具有三个特征：第一，有两个不同的消费者群，如银行卡支付平台中的持卡人和商家；互联网上交易平台的买方和卖方。第二，两个消费者群之间有外部性。第三，存在一个中介平台，能够将两个用户群之间的外部性内部化：由于信息不畅、比较高的交易成本以及根本无法交易等问题，用户群依靠自己来内部化其外部性的困难往往比较大。②

由于大众传媒业一般同时在广告和受众两个市场上运行，大众媒介在

① 郭秀兰，2010. 基于双边市场定价理论的媒体市场研究综述 [J]. 财经界（3）.

② 纪汉霖，2006. 双边市场定价策略研究 [D]. 上海：复旦大学（10）.

两个市场中起到了桥梁或平台的作用，所以大众传媒业被认为是具有双边市场特征的产业之一。除了一般传媒业在广告和受众两个市场上同时运行的模式外，数字出版产业还有一种更典型的双边市场模式，即在内容提供者、内容购买者两个市场上同时运行。

数字出版产业双边市场具有两个的独特属性。

第一，数字出版企业联结着多种消费群体，包括内容提供方、受众、广告商等。数字出版企业开展经营活动，必须通过一定的网络平台向消费者提供产品和服务，消费者包括三个群体。一是内容提供方，包括作者、媒体或内容产品提供商。数字出版企业通过网络平台高效优质的服务和数量众多的用户，吸引大量的内容提供方参与。二是用户（或客户、读者、受众）。数字出版平台上的内容产品质量越高，内容越丰富，用户越愿意到该平台上消费，获得的效用就越大。三是广告商。目前，只有部分数字出版商开展广告经营业务，但对于采用免费阅读模式的平台来说，广告是主要的收入来源。所以，从内容平台的结构特征看，数字出版产业是一种典型的双边或多边市场型的平台经济。

第二，数字出版产业的双边市场存在着多边交互性。在数字出版产业中，由于存在三个不同的消费群体，这三个群体之间都存在交互性，所以数字出版产业的双边市场体现了“多边市场”的结构。用户对平台的需求主要体现在内容产品上，内容提供方在一定程度上决定了平台上的内容产品的数量和质量。内容产品的数量和质量不仅影响受众，还会直接影响广告商对广告的投放量，而广告量的多寡一方面会影响内容产品的定价水平；另一方面会影响内容提供方和用户的消费意愿。所以，对于数字出版产业的经营者说，一个重要的任务就是调节好三个消费群体的利益关系。

## 第二节　数字出版产业发展的现状与问题

我国的数字出版产业从萌生到壮大，经历了一个迅速的发展过程，如今已经成为我国新闻出版产业新兴的重要力量，在产业技术、产业政策、产业结构、消费市场等方面初步形成了一定的产业发展基础，但作为新兴产业仍存在种种问题。我国数字出版产业的发展构成了数字出版商业模式创新的现实经济基础。

### 一、我国数字出版的发展历程

在20世纪80年代末90年代初，伴随着计算机技术在书刊的编辑加工和排版印刷等环节的应用，我国出版业开始启动数字化转型进程，数字出版就在此基础上迅速发展起来，至今已成为我国高新战略性产业的一个重要组成部分。回顾近30年的数字出版发展历程，可分为三个阶段。

1. 电子出版时代（1990—2000年）：印前工艺和出版物形态的数字化

最早的出版数字化出现在书报刊的编辑加工环节，印前图文加工的数字化。20世纪80年代末90年代初期，随着激光照排技术的推出和普及，报社、出版社、印刷厂在印前工艺方面迅速转型，即录入与排版在电脑上完成，形成了以方正"书版""维思""飞腾"等为代表的新一代数字化印前出版系统。这一阶段也被称为"桌面出版时代"，由美国Aldus公司总裁保尔·布雷纳德在1986年发售其图文页面排版软件PageMaker时提出。

先进的图文排版软硬件的应用增加了复杂图文设计的无穷变幻，将出版设计推到一个新高度。批量运用电子改稿，在录入与编辑加工环节，运用编辑出版软件，省略重复邮寄稿件的过程，降低了出版物的错误率，提高了出版速度和质量。这些排版软件的出现已实现传统出版物加工工艺的数字化。编辑加工后的产品，大多数进入了传统印刷出版环节，加工成纸制出版物进行销售，原始数据的存储得以数字化的形式加以保留，便于今后深度的数字化开发与使用。数字化的存储形态比较有代表性的有可擦写的软磁盘与 CD 光盘两种，也有一小部分产品，以电子出版物的形式发售，制作成 CD 光盘等形态直接出售。直至今天，电子出版物仍是数字出版的形态之一。

随着计算机的推广与普及，创作作品也日渐数字化，作者投稿越来越多地以电子版形式提交，省略了对稿件进行专业的录入加工的环节。创作、编辑加工环节的数字化，大大提升了出版效率，为数字出版的发展打下了基础。

2. 互联网出版时代（2000—2005 年）：出版的网络化

2000 年，三大中文门户网站——搜狐、新浪、网易在美国纳斯达克挂牌上市，此后，互联网在中国迅速普及。伴随互联网的发展，数字出版也步入第二个快速发展期——互联网出版时期。互联网出版，有时也简单地叫做网络出版（on-line publishing，e-publishing，net publishing），是伴随着互联网技术的发展而出现的电子出版形式，根据新闻出版总署颁布的《互联网出版管理暂行规定》，互联网出版是指“互联网信息服务提供者将自己创作或他人创作的作品经过选择和编辑加工，登载在互联网上或者通过互联网发送到用户端，供公众浏览、阅读、使用或者下载的在线传播行为”。

在电子出版时代，数字出版实现了加工工艺的数字化与产品形态的数字化，实现了数字内容的机读和屏读。而互联网的迅速推广与普及则突破了数字化产品的单机出版形式，实现了远程互联，以多人在线形式共享信息，这是人类历史上信息传播技术的一次重大进步。互联网出版将出版数字化由作品的数字化、编辑加工的数字化，扩展到发行的数字化和阅读消

费的数字化。由于互联网的独特技术也带来一些新兴的独具网络特性的数字出版与发行方式，将数字化出版推向一个全新的发展阶段同时，也催生了数字出版的原生形态。这一阶段的特点主要表现在以下几方面：

（1）出版产品的数字化和网络化。2000 年之后，传统出版物的网络化非常普遍，多数传统出版单位建有自己的网站，将纸制版内容上传到互联网上，这种做法尤以报纸为多，比如各种都市报的数字版等。由于互联网出版具有出版成本低、检索方便、存储阅读空间大等优势，传统书报刊的网站不仅仅上传其纸制版的部分内容，而且将其网站建成一个综合性的资讯网站，提供相关资讯及延展性信息。

（2）销售渠道网络化。在这个阶段，当当网等一些专业的网络图书销售平台建立起来，虽然销售仍以传统的纸质书刊为主，但在销售渠道上的网络化，使图书销售中间环节大为减少，提高了发行效率。网上书店摆脱了销售的地域与时间限制，只要能上网，随时随地都可以购书。在盈利模式上，由于互联网不像传统书店受到书店面积限制，无限链接使图书可以做到全品种销售，一些出版日久的旧书和图书排行榜几万名之后的书获得了新的展示空间。网络书店打破了传统书店“二八定律”的盈利模式，即书店的最大利润来源不是 20% 的畅销书，而是来源于网络长尾——多品种销售带来的综合收益。此外，网上书店会将读者人信息及其购买行为等销售信息记录下来，便于进行数据的深入分析，销售信息的数据化，有助于对出版物进行精准投放与推送。

（3）网络原创的数字出版形态崛起。2001 年之后，一种新型的网络表达形态——博客迅速流行开来，并渐渐步入主流传播的视野。博客是个人日志的综合平台，是一个属于个人的小型数据平台。在这个平台上，博主是既是创作者也是管理者，可以随意发布与修改、删除自己的作品，供人阅读与下载，也可以发布照片与音频、视频文件，并与他人进行在线交流。

与此同时，一些原创文学网站如天涯社区、榕树下、潇湘书院等也迅速发展起来，一些原创作品借助网络流行开来，优秀作品被出版社签约进而成为纸介质畅销书。互联网为原创作品提供了一个刊载的平台，拓宽了创作者的投稿渠道，使原本作为读者的人也能成为创作者，模糊了作者和读者的界限，增强了大众对于内容建设的参与性。

（4）检索与集成成为两大发展趋势。互联网的海量信息同时也带来了使用者的不便，人们会淹没在信息海洋中，降低信息的使用效率。2000年，全球最大的华文搜索网站百度成立，致力于向人们提供“简单、可依赖”的信息获取方式。检索与集成是2000年后互联网的两大趋势，正是因为有了搜索技术的出现才使数据的集成拥有了更大的价值，一些数据库资源平台开始建立，如同方知网、维普数据、万方数据、龙源期刊等，数据资源的整合使查询检索更为便捷，也便于对数据资源进行二次开发与使用。

### 3. 数字出版时代（2005年至今）：数字出版的产业化

伴随着传统出版的数字化转型、数字技术和互联网技术在出版业的深入应用、新兴出版形态不断涌现，数字出版开始进入产业化规模化发展阶段。这一阶段的开端以2005年“首届中国数字出版博览会”的召开为标志，“数字出版”的概念在我国开始被正式使用，成为新的出版模式的代名词。与此同时，全国数字出版产业收入规模快速增长。中国新闻出版研究院于2006年成立了数字出版研究室和数字出版研究中心，开始对中国数字出版产业发展状况进行跟踪性研究。

（1）出版流程数字化。数字出版是建立在计算机技术、通信技术、网络技术、流媒体技术、存储技术、显示技术等高新技术基础上，融合并超越了传统出版而发展起来的出版新业态。这一时期，随着数字出版技术和互联网的深入应用，出版业务在创作、编辑加工、产品设计与制作、推

广与发行、消费与阅读等环节全面实现数字化，电子书刊、数据库等产品成为传统出版单位数字化业务的主要产品形态；而由科技公司所主导的在线教育、移动（手机）阅读、网络文学、APP、听书、知识服务等新的出版业态也开始迅猛发展。传统出版的读者逐渐被互联网环境下的用户所取代，传统出版从作品到编辑、印刷、发行的流程模式被改写，演变为以识别用户需求为起点的从策划到创作、编辑、加工、制作到产品推送的模式。过去靠发行获取收入的单一出版盈利模式逐渐被免费、广告、在线教育、微支付等多元化模式所取代。

（2）移动阅读终端普及。在电子出版与互联网出版时代，数字化阅读只限于个人电脑（台式机与笔记本），这种载体的局限性大大限制了数字出版的传播效率，使数字出版在阅读的便捷性上难与图书、期刊、报纸这些纸媒体相抗衡。2004 年，SONY 公司生产的世界上第一款商用电子纸电子书问世。在国内，津科、汉王分别于 2006 年、2008 年推出采用 E-ink 电子纸的电子书。随后，引发电子书的热销，开启数字出版脱离互联网，走向独立电子终端的时代。2010 年，平板电脑加入数字出版终端行列，这种轻薄的便携式手持电脑，可以提供浏览互联网、收发电子邮件、观看电子书、播放音频或视频等功能，刚一问世便风靡全球，成为数字终端的时尚宠儿。伴随数字终端技术的飞速发展，技术电子阅读器、智能手机、平板电脑等便携式产品出现，使数字产品拥有了与纸媒体一样方便的手持式终端。载体的进步使数字化阅读迅速流行起来，为数字出版的大规模推广与普及提供了保障。

（3）数字出版产业链逐渐健全。经过多年的发展，数字出版到目前已基本形成了由内容提供企业、内容加工企业为主的内容提供商，以互联网、移动通信、卫星为主的传输渠道服务商，以综合或专业、特色数据库为主的平台服务商，以数字技术开发和数字技术应用服务为主的技术服务商，以电子书和其他新型阅读器为代表的阅读终端企业构成的一个相对来说比较完整的数字出版产业链，为整个产业的进一步发展打下了良好基础。

（4）产业融合发展。2014 年 8 月，我国提出推动传统媒体与新兴媒体融合发展的基本战略后，数字出版与传统出版的融合发展步伐加快，二者相互促进，探索新型的商业模式，实现了出版业与影视、教育、旅游等产业的融合，壮大了产业实力。从产品的媒体形态看，数字出版产品已经实现了多种媒体的表现形式，可综合运用文字、图形、图像、动画、网页、声音、视频及 AR/VR 资源等表现手段；并且，二维码、图像识别等技术的运用使传统的纸质图书与数字内容资源建立链接，打破了过去纸质媒介与数字媒介之间的隔离状态，为用户提供更加及时、便捷、多方位立体化的视听读内容体验，使数字出版在社会经济和民众生活中的地位迅速提高。

## 二、中国数字出版产业发展现状

我国数字出版经过 20 余年的发展之后，到 2005 年之后进入快速发展的阶段。2006 年，中国新闻出版研究院开始对我国数字出版产业进行跟踪性研究，每年公开发布年度性产业研究报告，记录了十多年来我国数字出版产业迅速崛起的足迹，为分析中国数字出版产业现状提供了依据。总体看来，目前我国数字出版产业发展呈现如下特征。

### 1. 产业规模快速增长，在国家经济中的地位提升

随着全球信息化进程的推进以及信息技术向各个不同领域延伸，数字出版产业的发展势头强劲，并日益成为我国出版产业变革的“前沿阵地”。十多年来，我国数字出版的产业规模一直保持高速发展的态势。据统计，2006 年我国数字出版产业总收入为 213 亿元，到 2017 年达 7071.93 亿元，年度增长率基本上都在 30% 以上，详见表 3.1。

表 3.1　2006—2017 年我国数字出版产业总收入

| 年度 | 2006 | 2007 | 2008 | 2009 | 2010 | 2011 |
|---|---|---|---|---|---|---|
| 总收入 / 亿元 | 213 | 362.42 | 556.56 | 799.4 | 1061.79 | 1377.88 |
| 比上年增长率 /% | – | 70.15 | 53.58 | 43.63 | 32.82 | 29.77 |
| 年度 | 2012 | 2013 | 2014 | 2015 | 2016 | 2017 |
| 总收入 / 亿元 | 1935.49 | 2540.35 | 3387.7 | 4403.85 | 5720.85 | 7071.93 |
| 比上年增长率 /% | 40.47 | 31.25 | 33.36 | 30 | 29.9 | 23.6 |

（数据来源：历年中国数字出版产业年度报告）

同时，数字出版产业在全国新闻出版产业中的比重迅速增大。2016 年数字出版的营业收入占新闻出版产业的 24.2%，相对于 2006 年 8.3% 具有很大的提升；利润总额为 427.8 亿元，比上一年增长 27.9%；对全行业营业收入增长贡献率达 67.9%，比 2015 年提高 7.7 个百分点，增长速度与增长贡献在新闻出版各产业类别中位居第一，已成为拉动我国新闻出版产业增长的“三驾马车”（数字出版、印刷复制和出版物发行）之首，详见表 3.2。①

表 3.2　2016 年我国新闻出版产业结构

| 产业类别 | 营业收入 | | | |
|---|---|---|---|---|
| | 金额 / 亿元 | 增长速度 /% | 比重 /% | 比重变动 /% |
| 图书出版 | 832.31 | 1.19 | 3.53 | –0.27 |
| 期刊出版 | 193.70 | –3.63 | 0.82 | –0.11 |
| 报纸出版 | 578.50 | –7.61 | 2.45 | –0.44 |
| 音像制品出版 | 27.51 | 4.80 | 0.12 | 0.00 |
| 电子出版物出版 | 13.20 | 6.37 | 0.06 | 0.00 |
| 数字出版 | 5720.85 | 29.91 | 24.24 | 3.90 |
| 印刷复制 | 12711.59 | 3.81 | 53.87 | –2.66 |

① 2016 年新闻出版产业分析报告 . 国家新闻出版广电总局 [EB/OL].（2017–07–25）[2018–01–01].http://www.chinaxwcb.com/2017–07/25/content_358660.htm.

续表

| 产业类别 | 营业收入 | | | |
|---|---|---|---|---|
| | 金额 / 亿元 | 增长速度 /% | 比重 /% | 比重变动 /% |
| 出版物发行 | 3426.61 | 5.96 | 14.52 | –0.41 |
| 出版物进出口 | 91.52 | 8.69 | 0.39 | 0.00 |

2. 产业结构不断优化

（1）产品形态多元化。除了传统出版的数字化产品（电子书、互联网期刊、电子报、书报刊内容资源数据库等）获得长足发展外，基于互联网的原生形态数字出版产品逐渐成熟，如网络游戏、网游动漫、网络文学、网络广告、数字教育等已得到普遍应用；建立在移动互联网和社交媒体基础上的移动阅读产品如微博微信、客户端、网络直播、有声阅读、网络视频等应用迅速普及，推动着数字出版产品消费的场景化、个性化和社交化发展；虚拟现实、增强现实和混合现实技术在出版中应用日趋加深，也丰富着数字出版产品的内容表现形态。

（2）媒介功能融合化。在资本和技术等因素的推动下，出版产业的边界正在拓展，逐渐向其他行业渗透与融合。具体表现在介质融合、渠道融合、内容融合、技术融合、市场融合、资本融合和机构融合等现象，并重新组建新的出版集团和媒体组织。以手机为例，随着移动互联网的普及，传统报业、出版业和广播电视业将加速向手机终端汇聚，用户能够从互联网上传、下载数字内容、收发图片和音乐、看电视、玩游戏、搜索地理信息，多种其他媒介的功能被整合在手机这一个媒体之中，手机成为集成性的移动媒体终端，是融合媒介的典型代表。

（3）传统出版数字化转型加深。原国家新闻出版总署在 2011 年发布的《关于加快我国数字出版产业发展的若干意见》中指出，到 2020 年传统出版单位基本完成数字化转型，其数字化产品和服务的运营份额在总份

额中占有明显优势。2015 年 4 月，原国家新闻出版广电总局与财政部联合发布《关于推动传统出版和新兴出版融合发展的指导意见》；2017 年 3 月，原国家新闻出版广电总局联合财政部，再次发布《关于深化新闻出版业数字化转型升级工作的通知》，对进一步推动新闻出版业转型升级进行新的部署，提出新的目标与任务。2017 年 9 月，《新闻出版广播影视业“十三五”时期发展规划》正式对外公布，将深化转型、融合发展作为“十三五”时期新闻出版业发展的重要任务。在政策引导下，传统出版单位纷纷通过不同形式进军数字出版领域，出版社的转型升级、融合发展不断深入。如中国科技出版集团持续深入推进向“知识服务”的转型，加大对学科知识库、医疗健康大数据、数字教育服务三大业务的投入；其开发的科学文库、中科医库平台、中科云教育平台、医兮网等数字产品已取得销售收入。人民卫生出版社在期刊出版上积极探索内容与技术相结合，在《创伤与急诊电子杂志》开设新技术探索栏目，读者通过期刊移动端 APP 可获取 AR 内容资源。目前，大多数图书出版单位已经完成出版流程的数字化改造，并且在数字出版业务上获得收益；同时，出版单位还借助自身独特的内容资源、品牌等方面的优势与教育、旅游、金融等行业融合，开展跨界经营，拓展了出版产业的发展空间。

3. 产业集聚效应初显

自 2008 年 7 月张江国家数字出版产业基地成立为标志，我国数字出版产业进入集聚化发展阶段。到 2017 年全国已建立 14 家国家数字出版基地（园区），在引进重点企业、实施重大项目、研发重大技术、开发重点产品等方面进行了大量开拓性工作，初步形成了政策引导、重点扶持、项目带动、孵化辐射的数字出版产业发展新格局，产业聚集和带动效应日趋显现，整体发展呈现良好态势。2016 年，数字出版基地（园区）共实现营业收入 1705.9 亿元，较 2015 年增长 17.4%；拥有资产总额 1759.4 亿元，增长 36.6%；实现利润总额 271.1 亿元，增长 3.8%，详见表 3.3。[①]

**表 3.3　2016 年我国数字出版基地（园区）的营业收入**

| 排名 | 基地（园区） | 营业收入 / 亿元 | 在全体中所占比重 | |
|---|---|---|---|---|
| | | | 比重 /% | 累计比重 /% |
| 1 | 上海张江国家数字出版基地 | 408.00 | 23.92 | 23.92 |
| 2 | 江苏国家数字出版基地 | 255.67 | 14.99 | 38.91 |
| 3 | 广东国家数字出版基地 | 233.85 | 13.71 | 52.62 |
| 4 | 安徽国家数字出版基地 | 193.15 | 11.32 | 63.94 |
| 5 | 西安国家数字出版基地 | 113.26 | 6.64 | 70.58 |
| 6 | 杭州国家数字出版产业基地 | 101.58 | 5.95 | 76.53 |
| 7 | 天津国家数字出版基地 | 81.78 | 4.79 | 81.32 |
| 8 | 青岛国家数字出版产业基地 | 78.08 | 4.58 | 85.90 |
| 9 | 中南国家数字出版基地 | 67.31 | 3.95 | 89.85 |
| 10 | 重庆两江新区国家数字出版基地 | 62.61 | 3.67 | 93.52 |
| 11 | 江西国家数字出版基地 | 55.47 | 3.25 | 96.77 |
| 12 | 海峡国家数字出版产业基地 | 33.40 | 1.96 | 98.73 |
| 13 | 华中国家数字出版基地 | 21.53 | 1.26 | 99.99 |
| 14 | 北京国家数字出版基地 | 0.23 | 0.01 | 100.00 |
| 合计 | | 1705.92 | 100.00 | — |
| 平均 | | 121.85 | — | — |

4. 经营模式逐渐丰富

中国的数字出版经过 20 多年的探索，并借鉴国外出版大国的成功经验，运营模式现已逐渐明晰起来，数字出版企业结合自身优势，找到了适合企

① 2016 年新闻出版产业分析报告，2017. 国家新闻出版广电总局 [EB/OL].（2017-07-25）[2018-01-01].http://www.chinaxwcb.com/2017-07/25/content_358660.htm.

业特点的数字出版模式。一批有代表性的数字出版企业的商业模式各具特色，产业形态已初步成形，在培养用户消费习惯的过程中将逐步建立持续有效的盈利模式。以人民卫生出版社、出版社、知识产权出版社等为代表的一大批传统出版社依托自身特色的资源优势，实现传统出版与数字出版的优势互补；以中文在线、阅文集团、掌阅科技、同方知网等为代表的数字出版企业以技术平台为基础，通过原创文学或者购买版权的方式向读者提供信息服务，并且收益非常可观；电商、技术商、运营商等涉足数字出版业业务，当当网、京东、亚马逊（中国）等电商平台不仅早已开始运营电子书分销业务，同时也开始广泛涉足多种数字内容产品策划、生产、集合和运营；以阅文集团为代表的网络文学企业以文学版权为基础，面向泛娱乐领域孕育出较为成熟的 IP 运营模式；中国移动、中国联通、中国电信等电信运营商借助渠道优势开展手机阅读、手机动漫、手机游戏等业务，都已获得可观收益。可以说，数字出版产业的生产经营得到了实质性拓展。

## 三、我国数字出版产业发展的主要问题

我国数字出版产业已经由形成期转向快速发展期，产业规模扩大、产业生态逐渐健全。但是，同西方发达国家的数字出版产业相比，我国的数字出版产业还有待发展，如竞争力明显较弱，自主研发的核心技术较少，产业竞争无序等。除此之外，从企业经营的角度看，还存在着一系列问题，制约着我国数字出版业的发展，主要表现在三个方面。

### 1. 传统出版企业的数字业务相对落后

在数字出版的发展浪潮中，相对于西方发达国家和新兴业态来说，过去主导我国传统出版产业的出版社转型比较缓慢、融合不到位，数字出版

的竞争力较弱。在发达国家，传统出版企业也是数字出版的引领者。当前欧美传统出版巨头的数字出版业务已进入成熟期，它们已搭建起基于海量内容的数据库，还根据用户需求开发出各种数字化产品和服务。例如，爱思唯尔集团的数字业务早在 2009 年就超过总收入 50%，培生集团的数字业务在 2017 年已经占比 69%。而我国的出版社，由于受自身条件的限制和对自身优势认识不足、发展定位不准等原因，一度把数字化转型的主导权让给技术提供商，处于被动的地位。目前，清华同方、北大方正、万方数据、超星、中文在线等技术提供商已将全国绝大多家出版社的图书资源进行数字化的整合集成，左右着我国电子书刊的机构市场；一些互联网技术公司，如亚马逊、掌阅科技、今日头条、喜马拉雅等，利用平台、终端设备、发送渠道等方面的优势主导着电子书刊（包括移动阅读、有声书等）的个人用户市场；在新兴网络文学领域，阅文集团、阿里文学等企业依托背后母公司强大的技术、资本、传播生态，以网络文学版权运营为核心带动整个泛娱乐产业的发展。这种情况影响我国数字出版的健康发展，造成了我国数字出版结构严重失衡，使传统出版内容数字化收益所占份额偏低。2017 年，我国电子书的总收入为 54 亿元，不到纸质实体书收入的 10%；比上一年增长 3.8%，远低于数字出版产业的整体增长率。同时，由于传统出版单位缺乏全局性战略来开展数字产品开发和市场布局，致使大量的内容资源难以形成适当的数字产品，不能有效地开拓数字出版市场，制约了数字出版产业的健康发展。

2. 产业链发育不健全

在美欧国家，大多数出版企业能够清醒地根据自身的核心业务和竞争优势，确立自己在数字出版产业链中所处的位置，与其他企业进行有效吸分工合作，不断提高服务需求客户的能力，追求价值创造的最大化。如亚马逊、苹果、谷歌等企业都有独创的商业模式，并不断根据客户价值的变

化创新商业模式。再如，麦格·劳希尔、企鹅兰登书屋等都基于自身优势而构建商业模式，在产业链上扮演着独一无二的角色；作为内容生产商，它们都看重内容的独创性，在内容积聚方面都采用近乎相同或是合理兼容的方式，以顺应产业链整体发展的需求。而我们数字出版企业多采取全产业链竞争战略，大多数企业幻想做成全产业链企业或是主导产业链。内容生产商要兼做平台服务商，平台服务商要进行内容生产等，导致许多资金被用于重复建设上。同时，我国数字出版产业链中还存在比较严重的垄断现象，比如中国移动、中国电信掌握着技术、发布平台等环节，在定价和利润分配上往往充当支配角色。因此，由于没有科学的产业链利益分配制度，在利益分配环节，内容提供商、技术提供商、网络运营商及著作权利人之间的获利不合理问题突出，既严重影响了我国的数字出版产业的整体发展，也制约了大多数数字出版企业的壮大。

3. 缺乏国际竞争力

数字出版早已成为全球出版业的发展方向。目前，国际上大多数跨国出版集团基本大都已经完成了数字化转型，培生、爱思唯尔、汤姆森、贝塔斯曼、麦克·劳希尔等公司从数字业务方面获取的收益已经超过传统业务。2009 年以来，美国的苹果、亚马逊、谷歌等公司开始运用数字技术抢占全球大众市场的份额，以 Kindle 阅读器、苹果 ipad 平板电脑为代表的多款终端投放国际市场，并开通面向全球的电子书或移动应用平台，带动全球大众出版数字化迅速发展。在全球化背景下，我国出版业同世界出版业之间的竞争与合作加剧，但我国仍缺乏在国际上具有显著竞争力的数字出版公司，大部分传统出版社的数字业务收入微薄；即使有出版公司参与跨国公司的全球性产业链，也仅处于内容提供、技术加工、国内市场开发等低端价值环节。

综上所述，中国的数字出版产业已经获得了很大进步，但要进一步发展，并在全球数字出版格局中获得一定的竞争地位，需要数字出版企业能够确立开放、共赢、协同发展的公司战略，与产业链上下游企业之间紧密合作，在产业链价值最大化的前提下，不断提高自身利益。

## 第三节　出版社数字出版商业模式的现状

### 一、我国出版社数字商业模式的主要类型

随着出版转型升级和融合发展的深化，一些出版社重构价值定位，从原来的出版商转型为内容服务商，与技术企业和数字渠道商合作，积极开展电子书、数据库、按需出版、移动应用程序（APP）、有声书、知识服务等数字出版产品和服务业务，在传统出版商业模式的基础上，逐渐衍化、形成新的数字出版商业模式。目前，国内出版社比较典型的数字出版商业模式主要有以下四种。

1. 电子书模式

电子书是数字出版产业最基本的产品形态之一，由于类型丰富、参与主体众多，商业模式也形态各异。我国出版社电子书商业模式的形成远落后于亚马逊、谷歌、汉王、超星、掌阅等技术性和平台型企业，也落后于阅文集团等网络原创文学的电子书出版模式。由纸书数字化而兴起的电子书产业从兴起到现在一直被技术商、渠道商或硬件厂商控制，大部分出版社在电子书产业链中长期处于内容提供商的角色，通过向电子书运营商提供纸书的数字版或数字版权授权等方式，获得销售分成或版权费用。在这种电子书经营的方式中，出版社既不主导价值链，也不能接触终端用户；

出版社虽然收入有限，但在纸质图书出版基础上不需投入更多成本，所以在出版社中应用比较普遍。

近年来，出版社自主经营电子书的模式在逐渐形成。在这种模式中，出版社以本社的图书版权和内容资源为基础，通过技术外包或自主开发等方式加工、开发多种表现形态的电子书，如纸电互动图书、富媒体电子书、移动应用程序形态的电子书、音频电子书等，在本社或第三方网络发行平台上发布，可供用户在线阅读、下载安装、互动查询等，靠付费下载、付费服务、增值服务、搭载广告等方式获得收入。自主经营电子书模式的主要特点在于：出版社掌握经营的主动权，自主运营、自主定价，能掌握终端用户并与之直接沟通、互动，与传统的纸质图书出版业务相互促进；但前期的开发成本和后期的运营、维护成本都较高。商务印书馆新华字典 APP、中信出版集团的中信书院等运用该模式，获得了较大的用户规模和收益。

2. 数据库出版模式

数据库是国内数字出版的一种主流出版产品形式，早期主要由技术商主导开发和运营。现在越来越多的出版社开始独立运营数据库产品，从而形成一种现阶段较为可行的商业模式。这种模式下，出版社往往利用本社积累的特色性、专题性内容资源，与技术商合作或者自主开发数据库，主要通过直销方式向客户提供包库、镜像网站、APP 终端形态的数据库内容资源产品，向用户收取购买费用、订阅费用或查询、下载费用等。目前这种模式运营比较成功的单位有人民交通出版社、人民卫生出版社、社会科学文献数据库等，它们分别运营的“交通运输专题知识库”“人卫临床助手”“皮书数据库”等产品都实现了一定规模的用户和收入。由于我国传统出版社规模都较小，内容资源有限，且局限于某个学科或专业范围内，市场覆盖面狭窄，比较适合于特色内容资源相对丰富、目标行业市场较大的出版社。

3. 全媒体出版模式

全媒体出版是以图书版权资源为基础，整合运用多种符号形式（文字、语言、图形、影像）、多种信息媒体（视觉、听觉、虚拟现实、增强现实、混合现实）、多种传播载体（印刷、光盘、网络、集成电路、计算机程序）、多种传媒形态（图书、报刊、电子书、数据库、网页或网站、移动应用程序、有声书、视频等）、多种显示终端（计算机、阅读器、手机、智能电视、可佩戴设备）开发和传播出版产品，通过传统纸质图书、互联网、手持阅读器、手机、数字图书馆等多渠道进行出版产品的同步发行，覆盖到能覆盖的所有用户，实现一种内容、多种载体、复合出版、广泛传播的目标。全媒体出版的本质在于出版社利用范围经济效应实现图书资源文化价值和经济价值的最大化，但由于出版社受自身资本实力、内容生产能力、渠道伙伴等资源的制约，全媒体之“全”相对于传统出版单一的产品形态及盈利模式而言的，在产业实践中往往表现为跨媒体、复合媒体的特征，所以又可称为“跨媒体出版”“复合出版”。全媒体出版作为一种商业模式，在不影响传统纸质图书出版的前提下，通过增加新的产品形态、开拓新的发行渠道扩展了内容资源的价值空间，比较容易被出版社接纳；但是，多种媒体形态产品的开发、生产和发行，对出版社的经济投入、人力结构、组织管理、合作网络提出了较高要求，并不是所有出版社都具备这些条件。目前，采用这种模式的出版社多采取的四种策略：纸书和电子书同步出版发行的“纸电同步”策略，纸书和电子书、有声书、APP 等形态出版物同步出版策略，图书与增值服务、阅读社区综合运营的策略、图书与影视、网络游戏联动的策略。

4. 知识服务模式

随着以大数据、云计算、移动互联等为代表的新一代信息技术的快速

发展和广泛应用，知识服务不仅已成为出版转型的一个发展方向，也成为众多出版单位尤其是专业出版社和教育出版社正在探索的一种商业模式。知识服务是出版社利用现有图书权威的、系统的知识信息资源，进行碎片化、结构化、标引、语义关联、深度挖掘和统计分析，构建起知识服务的各类信息资源库，通过互联网平台，为用户提供科研、生产、教育多场景下的多元化、立体化、定制化知识信息需求服务。知识信息服务提供的是一种决策工具，是一种针对用户个性化需求的全过程的、系统化的知识和信息解决方案。[①] 作为一种新型的商业模式，知识服务要求出版社进行较重大的战略转型，重新进行价值定位，由过去的出版商向知识信息服务商转变，担负起为消费者选择、整理知识信息的责任，让消费者能够从繁杂的信息环境中迅速获取目标内容，并形成对应的知识解决方案。目前，人民法院出版社的“法信”平台、电子工业出版社的“E 知元”等产品按照知识服务的模式运营。整个来说，我国出版单位的知识服务商业模式还处于初级探索阶段，未来该模式的成熟还有很长的路。

## 二、我国出版社数字出版商业模式的问题

相对于国际出版业和国内的出版新业态来说，我国出版社的数字出版商业模式起步晚、发展缓，尚缺乏被行业公认的成功实践。一般来说，成功的数字出版企业都有自己独特而成熟的商业模式。国际上比较经典的数字出版商业模式有谷歌的“数字图书馆”模式、亚马逊和苹果的“内容平台 + 终端设备”模式、爱思唯尔和斯普林格的“专业数据库”模式、培生集团的在线教育模式、牛津大学的按需出版模式等；国内也有较成熟的商业模式，如方正、中文在线、超星的数字图书馆，同方知网、万方、龙源

① 刘九如.出版社知识信息服务转型[EB/OL].（2017-06-26）[2017-11-30].http：//www.chinaxwcb.com/2017-06/26/content_357405.htm.

的数据库，阅文集团的网络原创文学，咪咕传媒、中国电信的移动阅读，罗辑思维得到 APP 的知识服务模式等。2010 年出版业界专家刘成勇在比较中外数字的商业模式发展现状后就明确指出：数字出版从来不缺商业模式，但“至少到目前为止，国内还鲜有出版单位宣称自己成功走出一条数字出版的发展道路，找到可持续发展的商业模式”[①]。经过七八年的发展，出版业的“转型升级工作目前仍然处于初级阶段”[②]；虽然已经初步形成了电子书、数据库、全媒体出版、知识服务等商业模式，但还都不够成熟，它已成为制约出版业转型升级和融合发展的障碍因素。

基于商业模式的价值创造视角看，目前我国出版社数字出版商业模式还不成熟，主要存在四个方面的问题。

1. 价值主张不清晰

大部分出版社对数字出版的客户价值和企业价值及其二者关系缺乏清晰认识，不能从客户价值中心、网络属性、知识经济属性等角度看待数字出版，仅仅把数字出版视为传统出版价值链的补充和延伸，而不是一个需要根据自身优势和新的市场环境进行新的市场定位和客户价值定位；主要基于出版企业自身的存量内容资源开发新产品，不能从市场和用户角度提供产品和服务。价值主张的不清晰造成目前不少出版社陷入有产品、无市场（用户）的窘境。

2. 价值创造系统不健全

出版社由于不能从整个企业战略高度发展数字出版，在机构设置上仅仅把数字出版作为出版社内部的一个业务部门的职责，缺乏全社范围内资源配置及经营管理的统筹安排，造成数字出版业务与图书编辑、图书发行等业务之间的割裂和矛盾；在资金投入上，主要以各类财政专项经费为主，

① 刘成勇，2010. 数字出版：商业模式与发展路径 [J]. 现代出版（6）.

② 冯宏声 . 深化数字化转型升级，激发内容产业新动能 [N/OL]. 出版商务周报，（2017-09-18）[2017-10-20].http：//www.cptoday.cn/news/detail/5872.

缺乏开支自主性，没有营销预算。在出版社外部，数字出版业务由于缺乏资源、没有独立经营权限，很难与上游内容的创作者、提供者，中游的技术商、服务商、渠道平台，下游的终端设备商及客户等建立稳定的合作共赢关系。价值创造系统不健全造成数字出版业务的孤立化、片段化，不能贯通产业链形成持续的价值创造和价值提供。

3. 价值实现系统不稳定

数字出版的收入模式单一，除了政府支持的各种专项资金，主要来源于机构数据库销售及版权转移，整体收入绝对值很低[①]。由于普遍缺乏传播渠道、技术储备和人才队伍，数字出版的平台建设、资源加工、产品设计和开发等、市场开拓环节大多采用外包或授权经营的方式开展，使整体运营成本居高不下。价值实现系统不稳定造成出版社的数字出版业务的整体利润较低，难以满足数字出版再生产和持续发展的需要。

4. 价值维护机制薄弱

受传统出版惯性思维影响和技术条件的影响，出版社在开展数字出版时重交易、轻服务，既不能从客户价值出发组织生产和运营，也很难直接开发用户、掌握用户、维系用户，无法把潜在的用户资源转化为企业价值。同时，出版社在整个数字出版产业链中地位被动，产品和服务运营常受制于其他企业，难以形成与平台商、技术商、平台商、渠道商等之间的平等合作关系和公平的利益分享机制，致使出版社自身的利益难以保障；受其影响，出版社对上游的内容创造者（作者）和版权提供方的价值也无法充分实现，从而造成上游内容和版权资源流失的风险。

---

① 王东，2015. 传统出版企业数字出版创新研究 [D]. 北京：北京理工大学：106.

## 三、我国出版社数字出版商业模式发展的制约因素

### 1. 出版社的商业模式创新意识不强

在数字化转型升级和融合发展背景下，商业模式创新是数字出版产业发展的必经之路，但是目前我国传统出版单位的数字出版商业模式创新的积极性、主动性都较低。近年来我国图书出版产业环境和市场环境不断优化，图书出版产业收入保持较稳定的增长。一般的图书出版社通过加大传统出版业务的力度就能保障收入增长，所以对发展高投入、高风险、不熟悉的数字出版业务的动力不足；相对于涉及整个企业发展战略、组织结构、产业生态等方面调整的商业模式创新来说，更倾向于维持现状，缺乏创新主动性。

### 2. 出版社自身条件制约

商业模式创新不仅要与出版社的资源、能力和战略目标相匹配，还要受到相关内外部条件的制约。“数字化转型，出版社不转是等死，转是找死”，出版界曾流传的这句话在一定程度上也表达了出版社在进行商业模式创新时所面临的困境。面对需要投入大量资金却无法预期收益的数字出版业务，有的出版社由于过分关注短期利益而放弃长远规划；有的出版社缺少技术力量支持；有的出版社转型发展思路不清晰；有的出版社整体实力较小，不能保证数字出版发展的资金、技术、人才等。多种原因造成一些出版社在数字化转型中常常出现“雷声大、雨点小”现象，对数字出版商业模式的创新有心无力。

### 3. 外部环境制约

数字出版商业模式的创新需要以客户价值为中心，按照合作共赢的原则与上下游企业建立利益相关者价值网络；需要打破传统出版的经营范围、

媒介形式、组织机构、管理体制等方面的束缚，在一个更加开放、有序竞争的市场环境中运行；更需要一个良好的版权保护机制以保障出版社的资源安全。但实际上，实力相对弱小的出版社在与市场上占据优势地位的技术公司、渠道平台、新媒体公司等进行合作时，很难获得公平的利益分配保障，同时还得高度提防被盗版和自身版权资源的流失风险。另外，还有一些出版社的公司化管理体制还没有真正建立和运转起来，事业化管理的色彩依然还有；产业宏观层面上，数字出版经济属性和文化属性之间的矛盾、行政管理中的条块分割和媒体分立、出版转型升级和融合发展的促进政策效益不佳等问题仍然存在；图书出版领域的侵权盗版现象还时有发生。这些问题的存在，都不利于数字出版业务的开展和商业模式的创新。

# 第四章　数字出版价值网的形成

数字环境下，出版价值链的网络化发展推动了数字出版价值网的形成，这是出版企业进行价值网商业模式构建和运行的基础。数字出版价值链的网络化既是出版企业顺应数字时代产业内外部环境变化实现商业模式创新的有效途径，也是获得更广泛外部资源、提高自身核心竞争力的重要举措。在数字化转型过程中，传统出版价值链逐渐解体，形成更能适合出版企业外部发展环境和自身发展需求的数字出版价值网，从而引发并实现商业模式的创新。

## 第一节　数字出版价值网形成的动力机制

### 一、外部环境压力

进入 21 世纪，出版企业所处的外部环境开始发生深刻变化，主要表现为出版产业全球化进程加快、数字技术迅猛发展、读者越来越苛求、出版企业竞争加剧、企业经营理念的变化等。传统的出版产业组织越来越难以适应如此急剧变化的外部环境，开始通过数字化、形成网络组织来增强竞争力。

1. 出版产业的全球化

20世纪80年代以来，伴随着世界经济全球化的进程和知识经济的到来，世界出版产业的全球化步伐加快。出版产业的全球化，首先表现在出版资本的全球化，近40年来，欧美发达国家的大型出版集团之间跨国性购并频繁，全球出版产业的集中度不断提高，里德·爱思唯尔、企鹅·兰登书屋、培生集团等少数国际出版巨头基本垄断了全球出版市场，它们不仅继续加强对传统欧美市场的控制，通过实施技术推广、内容聚集、全球扩张、本地化经营等策略，加快向亚洲、拉美及非洲等地的新兴经济体渗透，推动了全球范围内数字出版产业的高度垄断。同时，各种国际出版交流、贸易、合作出版活动也异常活跃。出版业的全球性资本市场、产品市场、人才市场、内容资源市场、技术设备市场和外包加工市场等得以形成。

在此背景下，世界各国的出版企业不得不直接面对日益激烈的国际市场的竞争。面临市场全球化的强大压力，许多企业越发感到身单势孤，纷纷把目光转向与其他企业结成网络联盟，希望借助外力增强自身竞争实力。出版企业价值网是一种合作型组织，能够适应出版全球化所营造的市场环境。我国出版业的产业化、数字化、国际化的步伐都明显落后于发达国家，处于世界出版产业格局的边缘位置，居全球出版产业价值链的低端环节，既不能满足和激发国内市场需求，更缺乏国际传播能力。所以，在近年的国际市场上，我国进口的数字出版产品总量迅速增长，国外出版公司大量涌入。根据统计，2000年，中国数字产品进口金额为383.63万美元，2016年则为25859.38万美元，16年间增长了66倍，所占全部出版物总进口的比重也由6.09%增长到46.2%。20世纪90年代以来，培生、里德·爱思唯尔、汤姆森·路透、威科、施普林格等全球领先的出版集团纷纷在北京设立代表处。这些代表处的设立作为国际出版业进军中国市场的标志，发挥着三个方面的主要作用：一是在以北京为基地面向中国寻求作者；二是与京内外的出版社开展出版及教育服务等项目合作；三是与北京的出版进口企业合作推广数字平台和产品。但与此同时，中国数字出版产品的国际传播，存在着可传播的产品少、影响小、贸易逆差严重的问题。2016 年音像制品、电子出版物和数字出版物的进出口总额分别是 25859.38 万美元和 156.43 万美元，贸易逆差巨大，甚至还高于传统出版物的国际贸易逆差。具体数据见表 4.1①，在国际市场上，出版企业更需要通过与国外出版企业的合作，加入对方的价值网或与对方合作建构自身的价值网，是应对国内外市场竞争、增强竞争优势的战略举措。

**表 4.1　2016 年全国出版物进出口经营单位出版物对外贸易情况**

| 类型 | 指标 | 累计出口 | 累计进口 | 总额 | 差额 |
|---|---|---|---|---|---|
| 图书、期刊、报纸 | 数量（万册） | 1765.52 | 3108.18 | 4873.70 | –1342.66 |
| | 金额（万美元） | 5886.67 | 30051.73 | 35938.40 | –24165.06 |
| 音像制品、电子出版物、数字出版物 | 数量（份、盒、张） | 1.33 | 10.81 | 12.14 | –9.48 |
| | 金额（万美元） | 156.43 | 25859.38 | 26015.81 | –25702.95 |
| 合计 | 数量（份、盒、张） | 1766.85 | 3118.99 | 4885.84 | –1352.14 |
| | 金额（万美元） | 6043.10 | 55911.11 | 61954.21 | –49868.01 |

2. 信息技术高速发展

20 世纪 60 年代大规模集成电路的开发和计算机网络技术的研制，20 世纪 70 年代光导纤维和微型计算机的应用，引发了世界范围内的信息技

① 2016 年新闻出版产业分析报告 . 国家新闻出版广电总局 [EB/OL].（2017–07–25）[2018–01–01].http://www.chinaxwcb.com/2017–07/25/content_358660.htm.

术创新浪潮，也推动着人类社会从后工业时代向信息社会过渡，经济组织的结构也随之发生变化。计算机技术、通信技术、网络技术、流媒体技术、存储技术、显示技术、大数据、AR/VR 及人工智能等信息技术的发展对出版业产生三个方面的直接影响：①推动传统出版业的数字化转型；②基于数字技术基础上的新出版业态蓬勃发展；③推动出版产业和电信、广播电视、教育培训、旅游等各行各业深度融合。信息技术在推动出版企业数字化转型的同时，也重塑着出版企业的经营范围、市场边界和竞争环境。从企业组织和企业管理的角度看，计算机辅助设计、数字媒体技术、信息管理系统、信息搜寻技术、数字加密技术、云计算技术等在出版领域的运用，大大提高了出版企业在内容资源获取、内容加工、产品开发、内容传输、客户管理、企业管理等方面的效率，为出版企业间的合作提供了技术支持，这给传统的具有刚性边界的科层制出版企业带来挑战，也为出版企业组织形式的变革奠定基础。在计算机网络环境下，出版企业的组织结构向精简、高效、灵活、敏捷方向发展，把精力和资源集中到核心业务环节，培育并强化企业的核心竞争力，而把非核心业务卖掉或实行外包。企业以自身的核心业务参与网络组织的分工，形成企业价值网络。所以，信息技术既为数字出版产业的发展提供技术基础，也是数字出版企业价值网的形成和发展的重要动力。

3. 越来越苛求的客户需求

数字时代的消费者和企业客户的要求都很苛刻，他们都想用最低的成本获取最便捷、便宜的服务和个性化产品。美国学者迈克尔·希利认为，数字出版时代消费者的行为与前一代具有明显不同的特征，具体表现为依赖网络，通过网络社区进行交流，极少且很快转变自己的品牌忠诚度，对权威和内容可信度具有不同的态度，具有购买能力，但更习惯免费（消费模式），熟练掌握寻找目标内容的方法技巧，对图书内容的展现形式和时机具有较高要求，习惯综合文字、音频和视频于一体的混合模式，同时他们倾向吸取来自多渠道的观点——不管来自朋友、社区，还是陌生人，无论来自具有资格的群体还是新人，不管是正式还是非正式渠道，他们都乐于接受。可见，数字时代的读者在消费过程中所追求的不仅仅是内容的满足，而是综合价值的最大化。出版企业只有在充分满足读者多维度价值诉求的基础上，才可能吸引并留住客户。要满足客户如此苛刻的需求，传统出版企业的比较僵化的组织方式、链式的业务流程、有限的内容产品就无法应对，而需要出版企业建立一种新型的组织结构和业务模式，通过对供应商、合作伙伴，甚至竞争对手的核心资源和业务进行整合，建立网络化联盟，实现客户信息的即时分享、客户需求的快速、个性化满足。

4. 竞争压力的加剧

在传统出版供应链中，出版商是核心环节，控制着从稿件变成出版物的关键环节，并主宰着整个链条中其他主体所获得的价值份额。在数字环境下出版供应链向网状化、复杂化方向发展，新兴的技术提供商、内容运营商等对出版企业具有一定的替代效应；随着作者和消费者 / 读者地位的提升，出版供应链的价值增值的主要环节从中间向两端移动，出版企业不仅面临着失去出版供应链核心地位的危机，还存在被取代除的可能。图 4.1 直观显示了数字环境下的图书出版供应链。在此环境下，出版企业要想生存和发展，就需要摒弃过去的链式经营思维模式，依托自身原有的内容资源和内容的加工能力，建立与各种新兴企业的合作关系，加强对作者和读者的联系，融入数字出版产业链中，成为数字出版产业链上不可替代的环节。同时，在数字环境下，出版企业之间的竞争已不再是单个企业甚至单

个价值链之间的竞争，而是整个价值网之间的竞争，这正推动着越来越多的出版企业通过合纵连横的方式，不断提高自身在价值网中地位，并努力构建以自身为主导的价值网络。

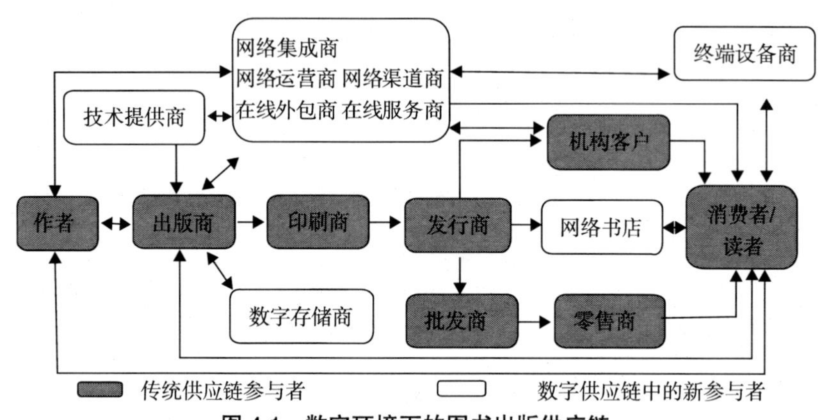


图 4.1 数字环境下的图书出版供应链

5. 企业经营理念的转变

出版产业的全球化发展和出版产业链的网络化，使得出版企业的经营理念发生改变。合作共赢逐渐成为数字出版企业经营理念的主流，为出版企业价值网的形成营造了必要的文化氛围。主要表现为：①出版的竞争范式发生变化，由“对抗的竞争”变为“合作的竞争”；②数字出版产业中，以信息形式存在的知识和内容资源及客户信等成为最活跃的生产要素，不同的企业可以通过合作共享信息和知识资源，以获取价值；③随着出版技术更新速度的加快、技术生命周期的缩短、消费者消费偏好变化提速等因素的影响，加快数字出版产品和服务的开发和推广变得越来越重要，而出版技术、内容资源开发成本的增加、风险的提高，迫使企业进行广泛合作；④信息技术发展催生了各种类型的平台企业，如谷歌、亚马逊、当当网、掌阅科技、微信等，这些平台企业基本上都是开放的，为数字出版的经营者和消费者提供多种服务，为出版企业的合作、出版企业价值网的构建创造条件。例如，2011 年 5 月开通的大佳网就是国内出版企业在合作共赢理念基础上共建的一个数字出版平台，除了中国出版集团旗下一批出版社提供优质资源外，中信出版社、作家出版社、新星出版社、广西师范大学出版社、接力出版社、中央编译出版社、山东画报出版社等也加入大佳网的建设，加盟大佳网“出版社自助宣传平台”，各出版社可以将图书交给大佳网，帮助其上传，也可以不用将版权授权给大佳网，由出版社自主经营。原中国出版集团公司总裁聂震宁认为，“各界人士只有都抱着开放的心态去合作，使数字出版发展从竞争走向竞合，才会出现数字出版的共赢局面。”①

## 二、内部驱动因素

企业以自身优势资源和核心能力参与数字出版企业价值网，是一种通过获取网络资源或者网络利益而追求最大化利益的理性行为。这种网络资源或网络利益是企业价值网形成的动因，表现为共享优势资源、减少市场风险、构建竞争优势、实现协同效应等。

1. 共享优势资源

企业内部资源的稀缺是普遍存在的，对于新兴的数字出版产业中的经营实体来说，他们大都面临内容、技术、资金、市场、人才等方面资源匮乏的巨大压力。即使在全球出版市场上叱咤风云的巨头，如谷哥、苹果、亚马逊、施普林格等，若不借助外部资源，单靠自身实力也很难掌握竞争的主动权。更何况数字出版的客户需求具有多样化、个性化、多变性等特点，出版企业的经营环境日趋复杂，市场对企业提出的要求越来越高，出版企

① 王坤宁 . 共赢数字出版未来 [N]. 中国新闻出版报，2011–05–23（3）.

业数字化业务经营所需资源的丰富性和稀缺性之间的矛盾尖锐。对于我国传统的出版企业也来，虽然拥有一定的优势资源，如长期积累的内容资源、作者资源、信息组织和加工能力等，但仅凭一社之力很难满足市场的需要。在此情况下，不少出版企业为利用其他企业的核心技术或核心资源，做到反应敏捷、转换灵活，积极开展同行业、企业间的分工与协作，从产品的专业化到内容资源的专业化分工与协作，再到作业流程的专业化分工与协作，从而使不同企业的核心能力和资源按照价值创造和实现的逻辑联结起来，相互补充、相互支持，共享优势资源，满足客户需求。

随着技术、市场、竞争条件的变化，越来越多的出版企业通过借用外部资源来弥补自身资源的不足，创造条件来实现内外资源的优势互补，巩固和壮大自身的市场竞争优势，企业价值网应运而生。在价值网内部，通过协议或协调，原来专属于某一企业的核心能力和资源在各个成员企业之间流动和共享，保证了企业对外部资源获取的稳定性和持续性。2012年6月，读者出版传媒公司与中国联通签署全面合作协议。读者出版传媒公司依靠在传统出版领域所积累的作者、内容、品牌优势等，与中国联通在网络资源和服务能力方面的优势相结合，为中国联通“沃·阅读”平台及阅读基地提供的内容资源支持，共同开展数字出版业务。双方将探讨在读者阅读手机内嵌入“读者云图”应用，用户可直接点击“读者云图”链接，通过中国联通的3G网络进入云图平台获取《读者》杂志1981年创刊以来的全部杂志内容。[①] 读者出版传媒公司与中国联通的合作无疑是双方优质资源的整合，有利于提高双方竞争力。

2.降低市场风险

在全球化、数字化经营环境下，出版企业面临着日益激烈且瞬息万变

① 陈丽萍，2013. 中国联通与读者出版传媒签署全面合作 [EB/OL].（06-25）[2018-01-01]. http：//www.bookdao.com/read/65059/.

的竞争环境，各种市场风险威胁着企业的生存和发展。同时，数字出版产业是一个技术、资本、知识密集型产业，出版企业在开展数字出版业务时面临着巨大的投资风险。出版企业价值网络通过突破企业和地域的有形边界来延伸企业和网络的无形边界，不仅可以充分利用外部资源而减少单一企业的投资规模，同时还能有效满足市场需求，降低市场风险。数字出版价值网是以客户价值为中心的快捷价值创造系统，它能够及时收集、汇总、分析终端读者的需求信息和偏向变动，以此为依据指导并调动网络中各成员的价值创造活动，最大限度减少企业投资和经营的盲目性，提高企业及合作企业的整体经营效率。国内的许多出版社在缺乏资金、技术和数字产品经营经验的前提下，采用和现有技术和运营平台企业合作的方式开展数字化业务，如接力出版社与美国苹果公司合作开发图书 APP，在苹果的 APP Store 上销售；浙江人民出版社与中国移动阅读基地合作开展手机阅读业务，这些合作都可看做不同企业加入或构建数字出版价值网的具体举措，也是规避数字出版市场风险的有效策略。近两年，在移动互联网发展背景下，“知识付费”风潮兴起，人民文学出版社、电子工业出版社等一批出版企业通过与亚马逊、掌阅、喜马拉雅等具有技术和资本优势的平台合作，一方面把纸质书转化为电子书或有声书提供给用户；另一方面，把移动平台上受欢迎的碎片化“知识服务”内容再结集出版，实现了图书出版从发行渠道拓展到基于用户需求出版之间的良性互动。出版社与其合作平台之间通过共同开发产品、共同分担成本、共同拓广市场、共同分享利益的方式，大大降低了经营风险。

### 3. 实现协同效应

网络协同效应包括企业内部网络协同效应和企业外部协同效应。企业内部的协同效应是指企业内部各部门、各功能模块之间协调后所产生的整体功能的增强，外部协同效应指网络中不同企业成员之间各环节、要素之间的整体协调使网络整体价值大于各成员价值之和。出版企业通过参与或构建价值网络，可以通过知识和信息的流动、整合相互传递技术，加快研究与开发进程，获取本企业所缺乏的核心资源；同时，不同企业直接的相互合作、协调也会产生“1+1>2”的效应。价值网的网络协同效应使每个成员受益，每个企业以网络为纽带形成的资源、品牌、新形势等优势都可增强其竞争能力，在整个网络效益提高的同时，个体效益也得到增强。另外，由于企业是由特定的环境、组织管理模式、生产技术等各个方面组成的有机统一体，各因素之间有形的及无形的协调让竞争对手难以识别，所以协同效应既使企业获得竞争优势，也给竞争对手增加了竞争难度。例如，执世界电子书产业牛耳的亚马逊，其 Kindle 阅读器占到全球阅读器市场的 60% 以上，与美国六大出版集团中的 Macmillan、Simom & Schuster、企鹅、Harpercollins、Hachette 都有合作；在印度，推出 Kindle Store 电子书市场及 Kindle 电子书阅读器，并为的独立作家和出版商推出 Kindle Direct Publishing（KDP）出版平台；在中国与中文在线合作，推出 Kindle 电子书阅读器，开展电子书运营业务。通过与全球不同企业的协同合作，亚马逊稳居全球电子书市场中老大地位，同时，其合作伙伴也因之获得更强的竞争力。

4. 构建竞争优势

构建竞争优势是企业商业模式创新的主要动因。在全球化、数字化背景下，出版企业之间的竞争更加激烈。出版企业仅凭一己之力很难在竞争中立于不败之地，要想获得比较长久的竞争优势，就需要利用各种力量。一些大型企业为降低成本、突出核心优势，纷纷将一些辅助性业务外包出去，与在辅助性业务方面有专长的企业一起组建网络组织；中小型企业也可根据各自优势，通过模块化分工，融入大型企业的价值网，或自建价值网，企业之间就可通过加强合作而发挥整体优势，为建立新的商业模式奠定基础。

企业价值网是一种高效的产业组织形式，其网络效应和产业的专业化、集中化、模块化特性有利于构建竞争优势。[①]数字出版又是一种典型的网络经济形态，出版企业的价值网与之叠加，可以通过发挥集聚经济效应、协同效应和制度效应形成竞争优势。集聚经济效应是指由于劳动、资本、信息、内容资源等生产要素的集中所产生的高效益，企业由于能够不断地从外部吸收资金、人才和信息，并不断向外部输出创新产品和分裂新的企业，使经济实力迅速增强。协同效应是指价值网中的不同企业在生产、营销、管理的不同环节，不同阶段，不同方面共同利用同一资源而产生的整体效应，它可以推进网络中企业的成长和竞争力的提高。制度效应主要是企业价值网中资本形成与积累的有效机制、合约签订与执行的诚信和合作制度以及政府的产业政策等。数字出版产业经营的专业化、集中化、模块化的特性有利于降低成本，形成规模经济和范围经济。数字出版企业价值网创造了一个较大的内容资源汇聚空间和市场需求空间，对更加细分、针对性更强的产品和服务的潜在需求量不断增加。出版企业可以借助价值网把不同专业领域的不同内容产品的不同加工阶段分包给不同的企业承担，使单个企业能够专精于某一模块的生产，并不断扩大规模，进而实现单个企业的规模经济。大量专业化企业集聚在一起形成大的实体或虚拟的网络组织，相互学习，能够提高网络整体的生产效率，形成外部经济。

## 第二节　从出版价值链到数字出版价值网

在数字化转型过程中，出版社在传统价值链的基础上，逐渐加入数字出版价值链；而随着数字出版产业的发展以及出版社内外部条件的变化，数字出版价值链逐渐解构、整合、重建，形成网状数字出版价值链。

① 余东华，2008. 模块化企业价值网络 [M]. 上海：格致出版社：44.

## 一、传统出版价值链的基本结构

在传统出版中，一种出版物从设计、规划和原材料投入到最后送达消费者手中，都要经过编、印、发、销等相互联系的生产环节。这些环节既构成了出版产品的作业链，也构成了出版产业的价值链，即出版产品价值形成和增值的过程，传统出版产业价值链主要由作者、出版商、印刷商、发行商和客户等经济主体的价值活动构成，每个经济主体都由多个价值活动构成自身的价值链。图 4.2 是传统图书出版产业价值链和出版商企业价值链的简略反映。

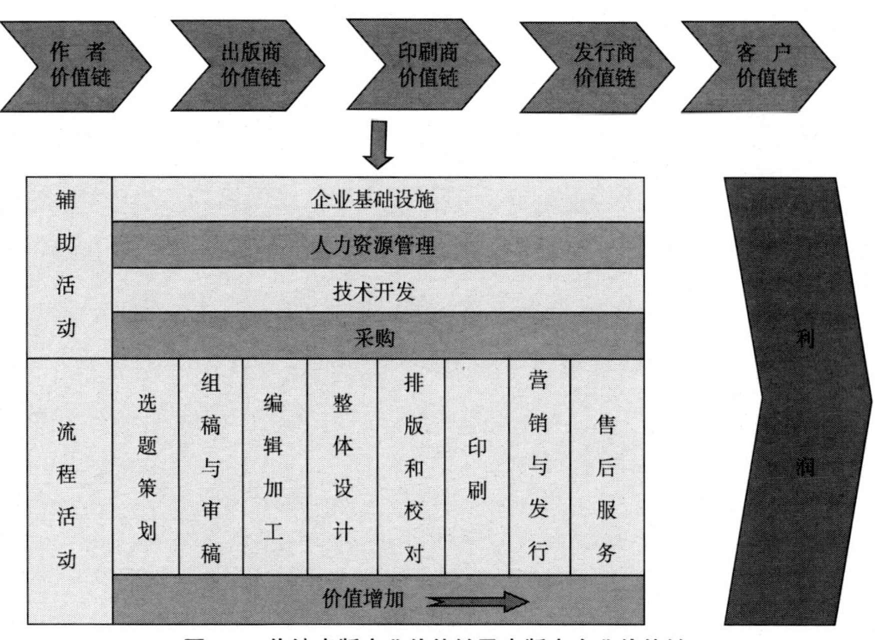

图 4.2 传统出版产业价值链及出版商企业价值链

从作者的创作活动开始，出版产业价值链上的每一个活动都在前一个环节的基础上增加新的价值，最终通过客户的购买和阅读活动实现价值。传统出版产业价值链中的价值主要以收入或利润来衡量，在数量上等于客户所付出的货币量，由作者、出版商、印刷商、发行商等企业主体按照一定的比例进行分配。出版商是传统出版产业价值链中增值最大的经济主体。根据波特的价值链理论，出版商的价值链活动包括辅助活动和流程活动两类。辅助活动由企业基础设施、人力资源管理、技术开发、采购等四个要素组成。流程活动包括选题策划、组稿和审稿、编辑加工、整体设计、排版和校对、印制、营销和发行、售后服务等。

传统出版产业价值链是出版社图书出版商业模式的基本依托。

## 二、出版价值链的重构

随着信息技术的兴起、发展及在信息传播领域渗透的深化，传统出版产业价值链发生分化、延伸或者变形，一些能产生潜在价值的核心价值要素被重新优化组合；同时，还有其他产业的和一些新兴产业的经济主体融入出版产业，出版价值产业链被重新构造。

### 1. 传统出版价值链的解体

在数字化和信息传播产业融合背景下，传统的出版、电信、广播、电视等产业融合为内容产业。传统传媒产业的纵向一体化和媒介分立的产业格局被打破，取而代之的有五个横向产业链节：①创意和采集，即内容产品的创意策划和内容资源的采集；②制作和集成，主要指内容资源的加工、格式转换、标引、组合和内容产品的生成；③传输分发，即信息传输的物理基础设施；④运营分销，指数字内容产品的营销和客户服务等；⑤终端呈现， 指内容在终端设备的呈现。这五个环节一方面取代了过去传媒产业的相应的价值环节，同时又是对传统传媒价值链的延伸，使传媒价值链在横向聚合的同时又纵向延伸。与传统出版产业价值链相对应，数字出版业按照业务功能划分形成了内容创意和采集、内容制作和集成、内容传播、

内容运营、终端呈现等几个主要的价值链节，分别取代了传统出版价值链中编辑出版、印刷、发行这三个主要环节。相应地，传统出版供应链中的印刷企业和发行企业推出数字出版产业链；传统出版社通过数字化转型加入数字出版产业链转变为内容提供商，可以根据自身优势，参与内容创意和采集、内容制作和集成、内容运营等环节活动上部分工作；而内容传播、终端呈现的全部活动和另外三个环节上的相当大部分的活动由出版社之外的其他传媒企业或新兴的信息技术公司承担，分别充当数字出版产业链中的渠道运营商、设备提供商、内容集成商、技术服务商等角色。

2. 价值向价值链两端转移

传统出版产业链中，出版社掌控整个产业价值链，而作者和终端客户的地位较低，但在数字出版产业中作者和终端客户的地位将逐渐提高。数字时代作者的价值活动，除了创作内容外，还延展到数字出版产业链的其他环节。比如选择自助出版的作者，他不需要传统出版商做市场调研以确定著作题目，并编辑、印刷或在线传播、营销其作品，也可以把作品直接传送给消费者，还可与在线书店或按需出版商合作进行营销。这个变化一方面压缩了出版供应链，能大大促进作者与读者的交流；另一方面提高了作者在出版产业价值链中的地位，作者价值的实现空间更大。更为重要的是，终端客户也被纳入进价值创造流程。数字出版的客户除了传统时代的读者外，还有各种媒体的使用者。终端客户一方面由于依赖于阅读设备（如台式电脑、平板电脑、电子阅读器、手机），并与其频繁互动而产生的新的消费需求，会促进供应链的高效运行；另一方面，还可与作者、出版社、渠道商等直接互动，其阅读、分享、评价、写作等行为都通过信息化的方式，为产业链创造价值。产业融合背景下，由于数字出版的生产对象由过去单纯的、静态的文字和图片作品转变为适合用各种媒体表现的信息和知识，再加上内容经营和消费的碎片化、分众化趋势加剧，由作者和终端客户所引发的数字出版内容的创造、消费、传播等价值创造活动将有更大的发展空间。

3. 价值流动的网状化

数字环境下，伴随着供应链的网络化演变，出版产业各环节之间价值的流动由单一的线性关系向双向化、多元化、复杂化发展。如前面所述，传统出版产业价值链从作者的创作活动开始，价值链上的每一个活动都在前一个环节的基础上增加新的价值，最终通过客户的购买和阅读活动实现价值，这是一个单向的、直线式的价值链，其中的每一项活动都在前一项的基础上增加新价值，同时又为下一个链条的活动提供基础价值，而最终的客户价值仅仅体现在客户需求的满足上。但是，相对于传统出版来说，数字出版价值活动之间的关系变化巨大主要表现在三个方面：①数字出版价值链弹性增大。数字出版环境下，只有作者和读者必不可少，它们之间的所有中介性活动都可增加一定的价值，但都可能被忽略和舍弃；同时，那些中介性活动都可以直接与作者和读者的价值活动衔接成为价值链上的一环，而不必拘泥于固定的环节和业务流程。所以，出版产业价值链两个末端之间中介性活动可多可少，从长度上看就有多种形态。②数字出版内容价值的多重化。前文我们谈到，数字出版内容具有更长、更鲜活的生命力，它可以被经营者反复定位、制作、组合、包装、传播，可以通过不同渠道、不同终端向各种客户群传送，从而实现其价值增值。由此可见，数字出版内容价值的实现方式是多元的，由它所链接的价值链也是灵活多样的。③传播渠道和终端设备的多元化。数字时代的出版传播渠道和终端设备日益丰富，渠道包括互联网、移动互联网、电信运营网络、有线电视传输网络、卫星网络等，终端设备包括计算机、平板电脑、手机、电子书阅读器、电视机等；不同的传播渠道对阅读终端的支持度和兼容性不同，而不同客户对不同终端设备和渠道的偏好各异，这就引发了数字出版传播链条的丰富性和复杂化。如上的巨大变化直接导致了出版产业价值活动主体之间关系的整体变化：从单一到多元，从单向流动向双向互动，从固定流程向灵活生产；表现在价值链结构上，就是从单一线性变为多向网状。

综上所述，在信息技术推动下，出版产业价值链不断地裂变、分解，形成具有兼容性、可重复利用、符合界面标准的价值活动单元，即为价值模块。在全球化、数字化、媒介融合时代，为应对更加激烈的竞争环境，具有不同价值模块和价值链的企业开始采取合作战略，把各自的价值链连接企业，转化为价值星系，进而演变成包含供应商、渠道伙伴、服务提供商以及竞争者的价值网络。

## 三、数字出版价值网的形成

数字环境下，伴随着供应链的网络化演变，出版产业的直线式价值链演变为网络状的价值网。图 4.3 是根据大卫·波维持（David）等（2002）的价值网模式所绘的数字出版价值网的环状简图。通过图 4.3 可见：①出版价值网基本结构由客户、核心企业内部价值网和外部价值网三个层次构成。客户（主要是读者）处于价值网的中心，客户既是数字出版价值网的起点，也是整个网络价值的重要创造者。核心企业是整个价值网的组织者，往往由数字出版产业中的内容集成商、技术服务商、渠道运营商等企业担任，目前国内外越来越多的出版企业开始进入这一角色。核心企业的内部价值网居于中环由若干个价值模块联结而成，它一方面通过采集并储存客户信息、培养客户关系等方法控制顾客接触点；另一方面也管理供应商网络，以确保内容资源、设备等采购能够快速、低成本地进行。外圈代表从事部分（或全部）合作由各种合作伙伴（如作者、内容提供商、技术服务商、渠道运营商等）所构成的外部价值网。②内部价值网和外部价值网以模块化为基础，通过价值模块和核心能力联结起来，构成产业价值网。为满足客户日益多元化和个性化的消费需求，核心企业与合作伙伴之间可以建立多种方式为客户提供便捷、全面的服务，同时，合作伙伴也可以直接与客户顾客的订单信息相连接，并直接向顾客提供内容产品和服务。

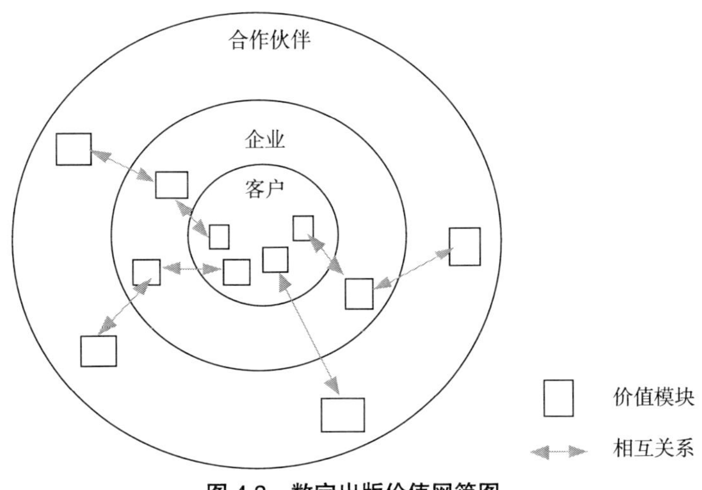


**图 4.3　数字出版价值网简图**

数字出版价值网是一个由出版价值链发展而来的以客户需求为中心的价值创造体系，核心企业以自身的核心优势为基础，将客户日益苛刻、个性化的要求与灵活、有效率、低成本的产品和服务提供相连接，将利益关联企业连接在一起，谋求价值网和自身利益的最大化。它是数字环境下出版企业价值网商业模式构建和运行的基础。

# 第五章　数字出版价值网商业模式的构建途径

在数字时代，构建以客户为中心的价值网商业模式是出版企业提高竞争优势、获得产业主导权的必要选择。但是，商业模式不是在产业发展过程中自然演化而成的，需要出版企业通过精心的设计和实施才可能建构起来。对于转型升级缓慢的传统出版社来说，数字出版价值网商业模式的构建不仅需要建构健全的商业模式要素及其运行机制，还需要企业从战略高度全力推进数字出版业务的开展。

## 第一节　定位企业价值

相对于传统出版来说，数字出版的一个显著变化是：以出版社为链核的产品驱动模式转向以客户（或读者）为中心的需求拉动模式，客户居于中心地位，客户价值是企业价值的来源，实现客户价值是为企业价值实现的前提。所以，企业价值的定位需要从定位客户入手。

## 一、确定客户价值

### 1. 客户价值是数字出版企业的价值之源

数字时代信息技术的高速发展使社会化信息由短缺变为丰富，并很快转为过剩。在此过程中，出版传媒领域经历了由“渠道为王”到“内容为王”再向“读者（或用户）为王”的转变。就我国数字出版发展的现实来说，当数字技术的神秘面纱被撩开后，无论是以研发数字阅读终端见长的汉王科技，还是坐拥海量电子书资源的方正番薯网，都不能为其自身和它们的内容提供商——出版社带来应有的收益；同时，在终端用户规模庞大、付费模式健全、业务成长迅速的手机阅读业务中，真正获得可观收入的传统出版社也寥寥无几。这说明，出版社对渠道、内容和终端的依赖不足以构建起数字出版的盈利模式，在目前的传播环境下，它们还没有成为读者阅读和消费的必要条件。这就要求出版社在开展数字出版业务中，从过去迷醉于技术、渠道或内容等产业资源的开发和利用，转向一直被忽视的终端客户，从把握终端客户的需求和消费行为特征入手，构建数字出版的盈利模式。数字时代的读者在消费过程中所追求的不仅仅是内容的满足，而是综合的价值的最大化。出版社只有在充分满足读者多维度价值诉求的基础上，才可能吸引并留住客户，进而把客户价值转化为企业价值。

客户价值是企业在与客户交易过程中，企业提供给客户，并由客户自己判断，最终指向客户需求的价值。[①] 而企业价值是企业从客户那里获得的价值。像其他产业领域的经营活动一样，数字出版经营的核心是把客户价值转化为企业价值。在这一过程中，出版社和客户之间所交换的价值包括有形价值和无形价值。有形价值是在交易双方可见的图书产品、图书信

① 张明立，2007. 客户价值——21 世纪企业竞争优势的来源 [M]. 北京：电子工业出版社：32.

息、服务和技术支持，以及客户支付的货币、会员费和服务费、订单等。无形价值则是在交易过程中产生的各种知识和信息，包括内容传播平台、论坛、社区和客户需求、客户忠诚、市场知识、读者信息、对图书和服务的反馈等。（数字环境下出版社和客户之间的价值流如图 5.1 所示，其中实箭头表示有形价值，虚箭头表示无形价值。）不难看出，主要由图书产品、信息和订单、付费构成的有形价值对双方是重要的；而那些无形价值的重要程度也不可低估，它们构成了出版社把握客户的消费特征、满足客户消费需求、增强客户忠诚度的前提，成为出版社未来持续盈利的基础，所以它们也是出版社价值的重要组成部分。可见，在数字出版经营中，出版社仅仅把眼睛把盯在现实可见的货币收入上是短视、狭隘的，它们需要通过为客户创造价值来实现自身价值。并且，在现实的竞争性市场上，出版社需要创造比竞争对手更多的客户价值，才能保持自身的竞争力。

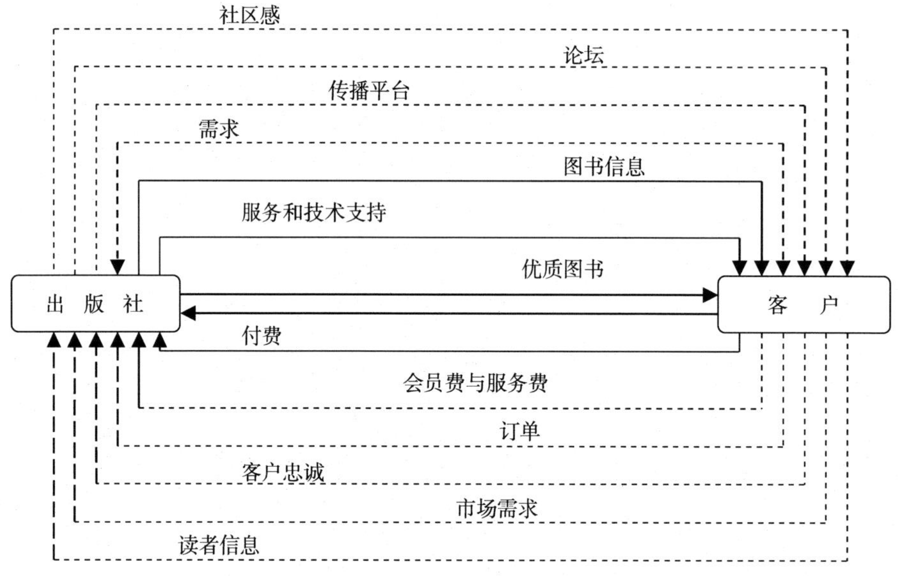


**图 5.1　数字时代出版社与客户之间的价值流**

2. 定位目标客户

定位目标客户是数字出版企业客户价值定位的基础，而客户细分是确定目标客户的前提。数字出版客户就是数字出版产品和服务的消费者，包括机构客户和个人客户两类；无论面向哪类客户，数字出版最终的服务对象是作为个体或者某机构成员身份存在的个人，他们是利用数字终端设备进行数字内容阅读和视听体验的用户，在习惯上可称为“数字读者”；而他们对出版商所提供的数字内容产品的搜索、阅读、体验、批注、分享、评论等活动，可统称为“数字阅读”。

近年来，我国的数字阅读率稳步提高，成为拉动全国国民阅读的重要力量。2014 年，我国国民的数字化阅读方式（网络在线阅读、手机阅读、电子阅读器阅读、光盘阅读、Pad 阅读等）接触率为 58.1%，数字阅读率首次超过传统阅读率。[①] 到 2017 年，我国成年国民的数字化阅读方式的接触率上升到 73.0%，远高于高于图书阅读率的 59.1%；手机成为人们每天接触时间最长的媒介，成人平均每天的接触时长是 80.43 分钟；63.4% 的成年国民进行过微信阅读；22.8% 的成年国民收听有声书，移动有声 APP 平台是国民进行有声阅读的主要选择。[②] 数字出版的用户规模随着数字阅读率提高，截至 2017 年年底，我国数字出版产业的累计用户规模达到 18.25 亿人（家 / 个）。

面对日益扩大的数字读者市场，出版企业只有在对读者进行细分的基础上，才能确定进行目标读者群。数字读者群可以按照不同的标准和维度进行细分，不同的读者群具有比较稳定的、相对一致的阅读偏好。结合出版行业状况和数字阅读的实际，可以以读者对出版内容的消费需求偏好为

① 全国国民阅读调查报告发布数字阅读首超纸书阅读 [EB/OL].（2015-04-21）[2018-01-01]. http://media.people.com.cn/n/2015/0421/c40606-26877233.html.

② 第十五次全国国民阅读调查成果发布 [EB/OL].（2018-04-18）[2018-10-01].http://www.chuban.cc/yw/201804/t20180418_178740.htm.

基本依据，对数字出版读者划分出四个基本群体：信息类、文化/娱乐类、学习/教育类、专业/学术类。每一类还可以具体分出更多的细分群体。数字读者群的基本划分、特点及有相应定位的出版企业见表5.1。出版企业可以根据自身的资源优势、核心能力和未来发展方向确定核心读者群，把它作为自己的目标客户。

**表5.1　数字出版读者群的基本划分和特点**

| 基本群体 | 覆盖人群 | 主要消费内容 | 典型出版企业 |
|---|---|---|---|
| 信息类 | 无典型人口特征 | 新闻信息、实用信息、百科知识、商业或市场信息、互动问答 | 百度、新浪、今日头条 |
| 文化/娱乐类 | 无典型人口特征 | 文学、影视、动漫、网游 | 作家出版社、阅文集团、掌阅科技 |
| 学习/教育类 | 各类学校学生、职业培训者 | 教材、教辅、数字课堂、数字实验室、模拟考试、在线答疑等 | 天闻数媒（北京）科技有限公司、人民教育出版社、外语教学与研究出版社 |
| 专业/学术类 | 专业工作者、科研人员 | 学术文献、专业或行业标准、年鉴、报告、专利等 | 清华同方、社科文献出版社、知识产权出版社、人民军医出版社、科学出版社 |

在确定出版企业基本的目标客户群的同时，需要注意该客户群的规模，保证其具有一定的市场规模。对于信息类和文化娱乐类消费群体来说，其内容消费主要是一种功能性质的，缺乏典型的人口统计学特征，一般规模庞大，目标客户的定位可尽量宽些。而对于学习/教育、专业/学习类客户群来说，不同细分客户群之间具有比较明显的差异，不同细分群体之间所消费的内容缺乏共通性，所以，这两大类中的细分客户群的规模一般较小，且地域分布零散，这就需要考虑在确定目标群体的基础上，尽量扩大地域上的覆盖面。

### 3. 确定客户价值

定位客户价值就是数字出版企业为目标客户所提供的产品或服务。通过客户价值定位，出版企业明确了服务的重点，可以集中企业内部和外部资源对细分客户群或是单个客户提供个性化产品，使服务对象更加具体，有利于企业提升服务质量与专业化水平，获得较高的客户忠诚度，为企业价值网提供充足的价值来源。在选择、确定目标客户群之后，出版企业需要对目标客户的消费特点进行价值分析，在此基础上确定目标客户价值。数字读者的客户价值是指作为出版企业客户的读者，在数字阅读过程中，其需求的满足程度，是在终端消费者的数字阅读活动中产生的。

（1）数字阅读活动的特点

数字出版环境下读者阅读行为发生了很大变化，由此带来客户价值的复杂化。要认识数字读者的客户价值，首先须对数字阅读活动进行分析。

读者在进行数字阅读活动时需要付出货币和注意力两种基本的成本。前文第二章中谈到，数字出版产业是注意力经济，是以获取受众的注意力进而获得商业利益的经济形式。在信息泛滥的环境中，读者的注意力和货币一样是稀缺性资源；即使读者从网络上获取免费的数字内容产品进行免费阅读也需要付出一定的注意力成本，对于数字出版经营者来说，从读者那里获得价值的方式可有三种：①获取货币收入；②获取注意力，再把读者的注意力转换成广告价值，从广告客户那里获取货币收入；③前两者的混合模式。

读者的数字阅读活动可分为购买和消费两个基本阶段。购买阶段包括搜索、浏览、试读、（查看评论）、购买决定、付费、内容获取等环节的活动。关于数字阅读的基本流程基本如图 5.2 所示。

消费阶段可能包括批注、推荐、转发、评论、激发创意、引用等活动。其中推荐、转发和评论活动是读者在社会化媒体上针对所读内容所发出的，它们会形成关于阅读对象（内容）的新信息。这些新信息在各种媒体上的发布和传播，从内容角度看，既可对内容增值，也会提高内容被搜索的可能性；从读者角度看，可以提高读者在网络空间中的声誉。有的阅读活动会激发读者的创意而孕育新的作品，或作为资料被作者所引用、借鉴而成为新作品的构成部分，最终生成新内容；而这些新内容与所消费的内容之间存在各种各样的联系，可为原内容增加价值；同时，也可为读者知识资本带来增值。

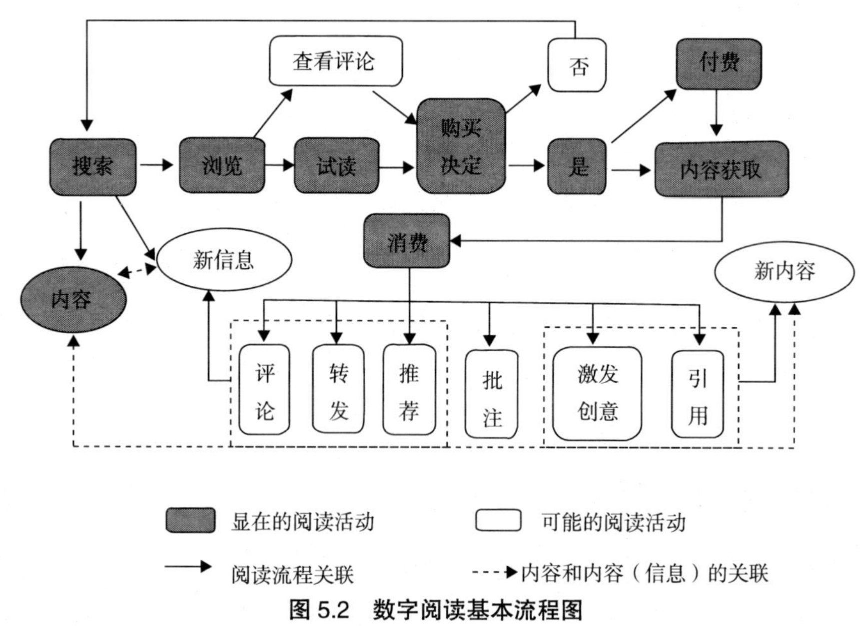


**图 5.2　数字阅读基本流程图**

从环境上看，数字读者处于数字化、网络化、多媒体化和社会化的阅读环境中。在数字化和网络化阅读环境中的个体读者可以利用电脑、笔记本、手机、电子书阅读器，甚至智能音箱、电视机等各种终端搜索、购买并阅读（视听）数字内容，在消费过程中可以根据阅读场景的变动随意更改阅读终端，实现对同一内容的跨终端、跨媒体的切换。同时，在 Web2.0 技术、各种智能设备和各种社交媒体所构筑的社会化网络中，读者可以随手通过社交媒体和自媒体转发阅读的部分内容，发布阅读体验和评价，向朋友们提供推荐信息，还可以进行衍生性创作、引用等。从群体角度看，由相同或相似偏好的读者可能在网络和社交平台上形成各种社区、论坛，对共同感兴趣的内容进行阅读体验的分享、评价等。

通过分析数字阅读的成本、流程和环境，可以看出：数字阅读活动具备三个基本特点。①消费和生产的统一，数字读者在付出成本进行消费的同时，也可能伴随着新信息、新内容等新价值的生成。②私人性阅读和社会化阅读的统一，数字读者在享受个人化、私密性的阅读体验的同时，也可能进行着社会性、交际性的信息分享和推荐活动。③自利性和他利性的统一，数字读者在获得自我阅读价值的同时，通过生成新信息的方式为所消费的内容增值，通过社会化分享推广所消费的内容，这在客观上既可提升出版企业内容的价值，也为其他的读者的购买决策、阅读消费等活动提供参照信息。

（2）数字阅读活动的价值构成

根据数字阅读的活动特点，可以对其价值构成进行分类分析。首先，从读者是否是价值的受益者角度看，数字阅读活动的价值分为三类：正价值、负价值、外部价值，如表 5.3 所示。①正价值是读者在整个阅读过程中所获得的满足，或者说是收益，主要包括优质内容、便捷服务（包括搜索的快捷性、智能性，产品描述的准确性、客观性，支付和内容传送、下载的快捷等）、良好体验、网络声誉提升、知识资本增值等；这些价值与阅读活动主体即客户的价值是正相关关系，其量越大，客户价值就越大。②负价值是读者在整个阅读过程中付出的成本，包括货币和注意力两种形式；它与客户价值呈负相关关系，其值越大，客户价值越小。③外部价值是读者在阅读过程中所产生的正价值和负价值之外的价值，这些价值的潜在的受益者是出版商和其他读者。对出版商来说，外部价值体现为读者的阅读活动可扩大其经营内容的传播面，可为其吸引新的客户；对于其他读者来说，主要体现为分享性信息、评价性内容可为其购买决策提供依据，为其消费体验提供参照，为其社交媒体增加归属感。它与客户价值之间存在着一定的间接正相关的联系，它的增加会间接地提升客户价值。外部价值是数字出版产业作为网络经济的一个产物，是数字化、网络化读者和内容的网络外部性的体现。

**表 5.3 数字阅读活动的价值构成**

<table>
<tr><th colspan="2">价值分类</th><th>价值体现</th><th>与客户价值的关系</th></tr>
<tr><td colspan="2">正价值（收益）</td><td>优质内容、便捷服务、良好体验<br>*（网络声誉提升、知识资本增值）*</td><td>正相关</td></tr>
<tr><td colspan="2">负价值（成本）</td><td>货币、注意力</td><td>负相关</td></tr>
<tr><td rowspan="2">*外部价值*</td><td>*出版商*</td><td>*扩大内容传播面、带来新客户*</td><td rowspan="2">间接<br>正相关</td></tr>
<tr><td>*其他读者*</td><td>*分享性信息、评价性内容*</td></tr>
</table>

（注：表中宋体正体字代表显性价值，楷体斜体字代表隐性价值）

其次，从价值形态看，数字阅读活动所产生的价值可分为显性价值和隐性价值。显性价值是在数字内容阅读过程中必定生成的、易于被感知的价值，隐性价值是数字阅读过程中可能生成的、不易于被感知的价值；二者在表 5.3 中分别用宋体正体字表示和楷体斜体字表示。

最后，从来源看，数字阅读活动的价值来自两种活动。显性价值主要由读者的私人化阅读构成，读者通过个人化、私密性的购买、阅读活动实现自我内容消费的满足。隐性价值主要是在读者的社会化阅读活动中产生的，读者要么通过推荐、转发、评论等形式把内容推向更多读者，要么通过新创意或引用生成新作品，促进他所消费的内容的传播，也会给出版企业和其他客户有益的外部效应。

（3）数字出版客户价值

根据数字阅读活动的价值分析可知，数字出版客户价值（custom value）的实现与客户阅读活动的收入（revenue）正相关关系，与成本（cost）呈负相关关系，其大小取决于二者之差。可用公式[①]表示为

$$V_c=R-C \tag{5.1}$$

（其中：$V_c$ 代表客户价值；$R$ 代表收入，$C$ 代表成本。）

同时，收入或者说正价值又可分解为两部分：显性价值和隐性价值，这里分别可称为显性收益（implicit revenue）和隐性收入（recessive revenue）；成本又可以细分为货币成本（money cost）和注意力成本（attention cost）。所以，上述公式可以写为

$$V_C=(R_i+R_r)-(C_m-C_a) \tag{5.2}$$

（其中：$R_i$ 代表客户显性收益；$R_r$ 代表客户隐性收益；$C_m$ 代表客户货币成本；$C_a$ 代表客户注意力成本。）

## 二、确定出版企业价值

客户价值是企业价值的来源，目标客户及其价值的确定为企业价值的确定和实现提供了基础。

### 1. 企业价值的来源

企业价值（enterprise value），简单地说是企业从客户那里获得的收益。从此角度看，数字阅读既是客户价值实现的途径，也是企业价值生成的一项活动。从表 5.1 可见，一方面，读者的数字阅读活动不仅为出版企业付

① 本节所用公式仅是表示数字出版客户或企业的价值构成元素及其关系，并不能用于计算，因为其中除了货币外，其他要素的量值很难精确测定。

出了货币和注意力成本，构成了企业价值的重要组成部分；另一方面，数字阅读活动所产生的外部价值（external value）也是企业价值的一部分。所以，出版企业的价值来源有三个：即客户的货币成本、客户的注意力成本和外部价值；可用公式表示为

$$V_{en}=(C_m+C_a)+Vex' \quad (5.3)$$

（其中：$V_{en}$ 代表企业价值；$C_m$ 代表客户货币成本；$C_a$ 代表客户注意力成本；$Vex'$ 代表出版企业所获得的外部价值）

这里的外部价值虽难以量化评估，但对出版企业的经营来说意义重大，应该引起出版企业的高度重视。它的存在表明：①在数字出版运作中，企业和客户之间不再是价值上的零和博弈游戏，企业从客户那里所获得不仅仅是客户所付出的，还有客户所创造的外部价值，这为企业和客户的双赢奠定了基础；②企业价值的增加并不一定需要增加客户的成本，这为出版企业经营思路的开拓提供了理论依据。

### 2. 企业价值定位

数字出版企业价值定位的基本原则是：在保障企业和客户双方价值共同实现的前提下，提高任意一方的价值。这是由企业价值与客户价值二者之间的关系决定的。首先，客户价值是出版企业价值的来源，客户价值的提升是出版企业获得竞争优势的重要途径。按照经济学对客户理性的“经济人”假设可知，当客户价值大于 0 时，客户的购买和消费活动才能得以实施，客户和企业都才可能获得相应的价值；但当客户价值等于或小于 0 时，客户的购买和消费活动就会中断，企业的价值来源枯竭。其次，客户价值实现的前提和基础是企业所提供的产品和服务，企业价值的实现和提高是企业产品和服务提供和质量提高的基本动力，当企业价值降低时，会倾向于减少在产品和服务上的投入，客户价值也会随之降低。

所以，数字出版企业需要在企业价值和客户价值都得以保障的战略思维下确定其价值定位。

数字出版企业的价值定位可通过对客户价值和企业价值构成元素的选择和组合中进行确定。根据价值定位基本原则，结合公式（5.2）和公式（5.3），出版企业对客户价值的定位可以在图5.3方格的五个变量中进行选择组合。其中，客户显性收益（$R_i$）是必选性要素，客户隐性收益（$R_r$）是可选要性要素；客户货币成本（$C_m$）和客户注意力成本（$C_a$）之间具有兼容性和互补性，可任选其一，也可同时并存出现；外部价值（$Vex'$）是可选性要素。

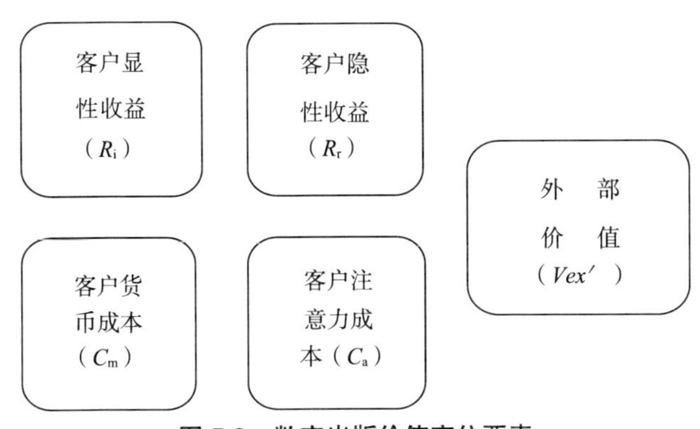


**图 5.3　数字出版价值定位要素**

## 三、案例分析：外语教学与研究出版社的价值定位

在数字化转型中，外语教学与研究出版社（简称“外研社”）为了实现从“出版者”到“综合的教育服务提供商”的转变，重新定位客户价值，通过为客户提供综合性的教育服务来实现企业价值的最大化。[①]

外研社社长蔡剑峰认为，服务不同于产品，产品在使用过程中功能递减，服务在体验过程中感受加深。销售是产品价值实现的最

① 蔡剑峰，2013.“书非书”的时代，把“1”变成“10”[EB/OL].（04-02）[2018-10-01]. http://www.bookdao.com/article/61427/.

终环节，但对于服务而言，却只是开始，顾客的再次光顾才是服务的完成。所以，“服务”的真实目标是顾客的“满意”。

基于服务顾客的理念，外研社提供给客户的不再仅仅是“书”，而是一份“合约”：通过签约，客户将获得一个打包的“全面解决方案”，满足他所需要的图书、网络、测试、培训、赛事等一系列需求，甚至是每一天的学习指导；外研社承诺的服务期限，不再是“一本书”的阅读时间，而是“三年”“五年”“十年”的学习周期；外研社与客户之间，不再是“供给”关系，而是一位与客户你相伴成长的“贴身家教”。

例如，从 2011 年开始，外研社启动了“族谱计划”，将全社的产品和服务体系化、模块化处理，形成了清晰的“产品地图”。如果一个大学生买了外研社的一本《新视野大学英语》教材，这张地图会显示他应该同时配备一套读物、一本词典、一张网络学习卡，参加一次培训、一场比赛、一个夏令营；同时，还有一套全面解决方案正在等着他。外研社还定期举办“阅读季”活动，通过密集的、持续性的、以阅读为切入点的系列推广活动，在外研社与读者、在读者与读者之间建立紧密有效的互动联系。外研社会针对学习者的个人特点，为全年龄段的读者提供专属的阅读规划、学习方案。

经过几年的探索，外研社利用新兴的信息技术，通过传统出版和数字媒介融合的方式，为读者提供越来越便捷的服务。在 2017 年上半年，该社已经在 100 余套、近千册图书上印刷了具有交互功能的二维码；提供了多种衍生数字产品，包括音频、视频、PDF、题库、听力、问答等；通过微信公众号提供服务。例如《英语学习》（教师版）杂志，除了配备基本的音频、视频资源，还有问答、文章检索等功能；《英语口语 800 句》应用了数字点读功能，通过扫描书上的二维码即可展现书中内容，点击具体段落或者句子可以即时听到对应音频；《外研社现代韩中中韩词典》配备电子词典；《超实用旅游英语宝典》使用 VR 技术，实现场景化跟读学习，让使用者更容易记住学习内容。这些服务不需要用户单独注册，不需要跳转第三方网站，在保障数据安全的同时，也提高了用户使用的安全性和便捷性。[①]

从外研社的服务理念和经营实践中可以看出，它为教育客户所确定的价值定位主要集中在三点：一是提高客户显性收益，包括可见、可感、可参与的读物、培训、夏令营等；二是客户隐性收益的实现，主要包括个人化综合性的语言学习解决方案和读者的社会化联系等；三是客户注意力成本的降低，外研社通过对客户的"贴身"式服务，减少客户长期搜寻、购买所需内容的时间成本。

## 第二节　构建价值创造系统

进入数字时代，随着出版价值链的复杂化和网络化，数字出版业务需要以出版社的资源配置和渠道安排为基础，通过掌握核心价值活动构建高效的数字出版价值创造系统，为数字出版商业模式的创新搭建柱石。

### 一、数字出版的价值活动

价值活动是一个产业中的相关企业从事的与客户有关的物质的、内容的和技术的各种活动，它们是企业创造有价值的产品和服务的基础。按照价值网理论，价值网是一个由若干价值活动所构成的价值创造系统，从实现客户价值的角度看，价值活动可以分为基本价值活动和辅助价值活动。基本

① 孙海悦 . 外语教学与研究出版社：数字衍生内容赢用户 [EB/OL].（2017-12-25）[2018-10-01].http：//media.people.com.cn/n1/2017/1113/c40606-29643057.html.

价值活动是涉及产品的生产和销售、传送给客户和客户服务等各种活动，辅助活动是与各种具体的基本活动相联系支持整个价值网的活动。一个企业可以承担一种或几种价值活动，同样，一种价值活动可以有不同的企业承担。

从目前数字出版的产业运作实际看，数字出版的基本价值活动主要包括 9 项：①内容创作；②内容获取；③内容加工；④产品设计；⑤产品生产；⑥产品营销；⑦产品发送；⑧客户管理与服务；⑨消费与阅读。辅助性价值活动主要包括 4 项：⑩设备提供和技术服务；⑪渠道经营与维护；⑫阅读终端的提供；⑬社会化媒体（包括阅读工具）的提供和维护。不同的出版企业会根据自身的情况及所处的竞争环境，选择参与一种或几种价值活动。

## 二、确定核心价值活动

为应对出版业全球化、数字化发展背景下竞争的加剧，国际上的大型出版企业一般实施“归核化”战略，逐渐放弃非核心业务，集中精力建设企业的核心能力，聚焦于核心价值活动的开展。我国的出版社在过去 30 多年的产业化转型中，却经历了纵向一体的集团化发展，在组建出版集团后开展纷纷开展多元化经营，内容生产的地位反而有所降低；在前些年的数字出版转型中，一些出版集团投入电子书阅读器的开发，企图实现从内容获取到终端客户的全产业价值链的控制，结果大都失败。同时，我国还有相当多的出版社没有加入集团，曾经在数字化转型中把自己定位为“内容提供商”，简单地把纸质图书内容的电子版交给内容集成商、技术服务商或渠道运营商去经营，结果获利很少。出版企业数字业务经营的这两种失败方式的一个重要根源在于：出版社在新兴的数字出版产业价值创造体系中的定位错误，没有根据企业实际规划并开展数字出版的核心价值活动。

对于定位于数字出版产业价值网的核心企业来说，出版企业核心价值活动的选择和确定，既要避免一些出版集团一家独营、全产业链经营的误区，也要力戒无所事事、拱手出让资源的偷懒之举；通过重新确定核心价值活动来构建企业核心业务，通过在非核心价值活动上与各种经济实体的共赢合作来获取各种资源，以达到控制价值网的目的。

结合出版企业的状况、数字出版产业的发展实际和未来趋向来看，数字出版企业的核心价值活动一般包括六项：内容资源获取、内容加工、产品设计、产品生产，产品营销、客户服务管理。

### 1. 内容资源获取

内容资源是构成出版企业核心竞争力的一种重要因素。内容资源获取是数字出版企业开展数字出版活动，提供数字出版产品和服务的基础和前提。内容资源的载体形式、表现形式、组织形式、来源渠道、功能用途等方面的丰富性，决定了它获取方式的多样性。传统出版企业大都积累了大量的书刊内容资源，为开展数字出版业务提供了基础，但还需要根据自身的数字出版业务定位，拓展新的资源获取渠道，获取更加丰富的内容资源。

### 2. 内容加工

内容加工是对出版内容资源的数字化整理，完成对内容资源的加工、分类和标引工作。它包括两个基本步骤，一是对已有的图书资源进行电子化、代码化识别、审校、重排、标引；二是对数字化的内容进行基础标引和各种基于专业需求的深度标引。通过内容资源加工，出版企业可以把各种内容资源存入内容管理系统（CRM），实现元数据内容的自定义、可扩展和基于内容的深度标引，满足“一次制作、多种渠道、重复利用”的跨媒体出版的需要。[①]

① 黄孝章，张志林，陈功明，2012. 数字出版实用教程 [M]. 北京：知识产权出版社：5–7.

3. 产品设计

数字出版的产品设计是一个创造性的综合信息处理过程，指出版企业根据目标市场的需要和消费习惯，通过多种元素如文字、图像、声音、视频等方式的组合把一定的内容资源以数字化的形式展现出来；它将出版人的某种目的或需要转换为一个具体的内容产品或工具的过程，把一种计划、规划设想、问题解决的方法，通过具体的操作，以理想的形式表达出来。

数字出版产品是内容与数字媒介技术的结合体。在数字环境下，内容仍然重要，但内容的搜索、表现、传播、使用的方式异常丰富，只有符合数字消费者接受习惯的产品才有真正的价值。但传统出版社在开展数字出版业务时，由于受传统纸质出版物设计的影响以及对数字化、网络技术的隔膜，或设计出的产品不符合消费者的需求和消费习惯，或把设计环节外包出去，既造成内容资源的严重浪费，也不利于核心竞争力的提高。所以，数字产品设计应该成为数字出版企业必要的价值活动之一。

4. 产品生产

产品生产是利用数字技术将数字内容资源按照市场需求进行出版产品的设计、编辑、制作的过程。通过生产过程，出版企业可以把文字、图片、音频、视频、动画等多种媒体形式的内容资源有机地整合起来，形成能满足读、听、视、触、查等多种功能需求，适应多种传播渠道和终端的出版产品，以为用户提供良好的阅读体验和便捷、有效的服务。在当下的技术环境下，数字出版产品的形态多样，如电子书、网络出版物、数据库、多媒体出版物、手机出版物、数字印刷品、阅读类 APP、知识服务等。

5. 产品营销

产品营销就是通过市场营销把数字出版产品送达消费者手中并获取收益的过程。数字出版的产品营销，既需要考虑产品、价格、促销和渠道等策略的选择组合，又需要重视企业与客户、合作伙伴、补充性产品之间良好而紧密关系的建立和维护。在当下的网络环境下，数字出版企业可面向各种市场进行多元智能化的营销方式。首先，利用线下和线上相结合的方式，在自建的和外部的网络平台发布产品信息、试用产品版本等，吸引潜在客户的注意力；其次，利用云计算、大数据等技术搜寻目标客户、跟踪目标客户的购买和消费活动，并根据客户行为和消费习惯不断优化产品和服务，实现对客户的大规模个性化定制和发送；最后，利用社会化媒体，调动客户者对产品进行"病毒式"传播，在持续扩大客户群体的同时，加强企业和客户、客户和客户之间的互动联系，进而提高产品营销能力。

6. 客户服务管理

数字出版客户服务是出版企业在所有时间、所有地点，以合适的价格、合适渠道、合适的方式向所有客户提供所需的产品和服务，使客户需求得到满足，客户价值得到提升的活动过程。客户服务管理是指出版企业为了建立、维护并发展顾客关系而进行的各项服务工作的总称。客户服务管理的目的是了解与创造客户需求，建立并提高顾客的满意度和忠诚度、最大限度地开发利用顾客；它需要企业全员、全过程参与，包括营销服务、部门服务和产品服务等几乎所有的服务内容。

在数字环境下，出版企业若要主导数字出版价值网，就需要改变过去与终端客户缺乏联系的局面，通过客户服务管理建立起与广大客户的直接的联系，并直接为客户提供各种服务。

## 第三节　设计收入模式

获取收入、实现盈利是企业生存和发展的基本任务，而设计收入模式是构建数字出版商业模式的核心部分之一。数字出版是以知识和信息为经营内容的注意力经济，具有双边市场结构特征，属于战略性新兴产业，得到政府的大力支持，这为出版企业多元化收入模式的开辟提供了实践、理论和政策等方面的依据。数字出版的收入模式，是指出版企业在开展数字出版业务中经济利益的总流入，可以分解为收入源、收入点、收入方式三个相对独立的功能模块。“收入源”指企业据以获取收入的那部分价值内容，解决的是“凭什么收费”的问题；“收入点”指企业据以获取收入的那部分目标客户，解决的是“对谁收费”的问题；“收入方式”指企业获取收入的手段，包括定价方式、付款方式、促销策略等，解决的是“怎么收费”的问题。①根据数字出版产业的经营实际和我国的客观情况，综合考虑收入模式的三个功能模块，出版企业可以从如下几种基本模式中选择、组合、形成自身的收入模式：内容销售、广告、赞助、版权经营等。

## 一、内容销售模式

数字出版是内容产业，数字化的知识和信息产品是出版企业最重要的资产，向消费者提供内容并向其收取费用，是出版企业获得收入的最基本、最重要的方式。

内容销售模式，就是通过向客户提供有价值的内容并获取收入的模式。在这种模式下，内容产品或内容服务是收入源；内容消费客户是收入点，包括机构客户和个人客户；收入方式则包括付费、订购、微支付等。按照内容的性质、形式和销售方法，该模式还可细分为电子书、数据库、在线教育等模式。

① 金雪涛，唐娟，2011. 数字出版产业价值链与商业模式探究 [J]. 中国出版（2）.

### 1. 电子书模式

电子书即 E-book，是利用计算机技术将一定的文字、图片、声音、影像等信息，通过数码方式记录在以光、电、磁为介质的设备中，借助于特定的设备来读取、复制、传输[①]。百道新出版研究院根据电子书的呈现形式及其与传统书籍的关系，把电子书划分为三个基本类型：电子书 1.0（Ebook1.0），即传统印刷图书所对应的电子版；电子书 2.0（Ebook2.0），指从生产到发布都只有数字化形态的电子读物；电子书 3.0（Ebook3.0），指除了文字、图、表等平面静态阅读要素以外，集成了声音、视频、动画、实时变化模块（如嵌入的网页）、交互模块等要素的多媒体读物。三种类型代表了电子书三种不同的发展阶段，各有不同的商业模式和运作方法。对于传统出版社来说，一般从电子书 1.0（Ebook1.0）起步，可以逐渐升级到电子书 2.0、电子书 3.0。[②] 出版企业通过个人计算机、平板电脑、智能手机和手持阅读器等终端设备，向读者有偿提供电子书的在线阅读和下载服务，并通过会员制、年度订购、周期订购、按次浏览、按流量计费、按内容单元（册、页、篇、章、知识单元等）计费、按信息量（如字数、字节数）计费等不同方式对读者进行收费。电子书模式是国内外出版机构最常用的一种模式。如人民军医出版社所开发运营的医学手持阅读器——军医掌上图书馆。这是军医社利用自主版权内容，开发的一款手持医学阅读器，其中预装了近 1000 本军医社完全自主版权的医学图书。同时，军医社专门建造了“军医书城”网站作为内容补充更新的后台支持，多方位满足读者的阅读需要。[③]

---

① 金雪涛，唐娟，2011. 数字出版产业价值链与商业模式探究 [J]. 中国出版（17）.

② 百道新出版研究院 .2011 中国电子书产业研究报告 [EB/OL].（2011-02-08）[2018-10-01]. http://www.bookdao.com/article/14206/.

③ 张春峰 . 人民军医出版社打造数字出版轻骑兵 [EB/OL].（2012-12-25）[2018-10-01]. http：//www.cptoday.com.cn/UserFiles/News/2012-12-25/59856.html.

2. 数据库模式

数据库模式指出版企业通过搭建具有海量知识和信息内容的数据库平台，为读者提供文全文检索、知识元搜索、标题内容提要的免费阅读和全文付费下载服务的一种收入模式。这种模式多见于专业和学术出版领域，用户多为高校、科研机构、公共图书馆、政府机关、企业、医院等机构；主要采用订购方式向机构和个人以年、月为周期收取费用，同时也支持按实际下载量计费、按篇定价等微支付方式；该模式运作方式清晰，发展较为成熟。

国际出版巨头爱思唯尔的ScienceDirect数据库、施普林格的SpringerLink平台就采用数据库模式，其中主要收录科技著作和论文，面向全球用户进行订购。国内的同方知网、维普、万方、龙源期刊网、书生等也采用数据库模式。国内出版社在数据库模式上也有成功案例。作为专业出版社，2009年社科文献出版社正式上线销售其皮书数据库。皮书系列是社科文献出版社编辑出版的蓝皮书、绿皮书、黄皮书等连续性年度专题研究报告的统称；自1996年11月首次出版以来，累计出版近2000种。皮书数据库以皮书系列研究报告为基础，内容覆盖80余个国家、30个国际区域及国际组织，以及中国的28个省级行政区、20个区域经济体、200个地级及以上行政区；覆盖100多个行业、179个二级学科。2014年6月上线发布的新版皮书数据库（三期）由基本子库、特色专题库和定制子库等不同类型子库产品组成，包括中国社会发展数据库、中国经济发展数据库、中国行业发展数据库、中国区域发展数据库、中国文化传媒数据库和世界经济与国际关系数据库6个基本子库；追踪社会热点和学术前沿，不断策划特色专题库，包括依法治国与法治中国、“金砖”国家、中国竞争力、中国国家安全等一系列特色专题库。同时，可通过学科、区域、行业、研究主题、现实热点等路径实现资源按需定制并形成定制子库。此外，皮书数据库还包括皮书作者库、皮书机构库、皮书视频库、皮书图表库，并设有皮书观点、专家视点、课题组动态、皮书百科等栏目，协同聚力将皮书数据库打造成一个综合性的皮书研创出版、信息发布与知识服务平台。皮书数据库的用户遍布全国20多个省市和地区，使用机构国内超过1000家，海外超过100家。北京大学、中国人民大学、复旦大学、首都师范大学等全国重点院校，哈佛大学、牛津大学、耶鲁大学、普林斯顿大学等世界知名院校都是皮书数据库的忠实用户，皮书数据库已成为海内外当代中国研究“绕不开”的数据库。在医学领域，人民军医出版社和解放军图书馆合作开发运行医学专业数据库——《中华医学资源核心数据库》。该数据库总字数达30亿字，细分为疾病、药品、辅助检查、循证医学等10个子数据库。这是目前国内最大的医学专业数据库。[①]

3. 数字教育模式

数字教育模式，或称为数字学习（E-learning），是指以网络为媒介，通过根据专业课程建立分学科、分阶段的在线教学平台，以会员制的方式向在校教师和学生等用户提供多媒体、互动性强的教学资源和在线解决方案。其运营模式大概有6类：第一类是在线课程，使用视频、音频的多媒体技术，使学生可以在线学习，作为对平时课程的一种补充，也作为远程教学的一种学习；第二类是家庭作业管理；第三类是在线测试，利用开放的软件系统对学生的学习结果进行测试；第四类是在线书，可以在线下载，电子图书有两种版本，一种跟印刷本完全一样，另外一种是在印刷本的基础上加上视频等多媒体的元素；第五类是在线的课外辅导；第六类是虚拟的体验材料，如做游戏作业等。[②]

① 张春峰. 人民军医出版社打造数字出版轻骑兵[EB/OL].（2012-12-25）[2018-10-01]. http：//www.cptoday.com.cn/UserFiles/News/2012-12-25/59856.html.

② 金雪涛，唐娟，2011. 数字出版产业价值链与商业模式探究[J]. 中国出版（17）.

国际出版巨头培生集团、麦格劳－希尔教育出版公司等都已经采用在线教育的形式开展数字出版业务，并日益拓展壮大。国内的出版企业如中国教育出版传媒集团、浙江教育出版社、外研社等也纷纷涉足此领域。由中南出版传媒集团股份有限公司和华为技术有限公司共同投资组将的天闻数媒科技（北京）有限公司（以下简称“天闻数媒”）的电子书包项目，就是一个面向中小学的数字教育模式典型。其开发的“天闻数媒 AiSchool 数字化课堂解决方案”具有以基于新课程标准的电子教材为主体、整合数字化教学工具软件、嵌入式教学资源、多媒体课件、知名教师示范课为一体的备授课平台，还有资源中心、题库中心和教学测评系统。该方案最大的特点是“云管端＋优质教育资源＋服务”；其中的云包括教学云、资源云与管理云，它通过构建高密度覆盖的网络管道，支持开放的多终端（PC、IPTV、PAD）接入，满足课堂上师生互动协作教学、课外自主探究学习。[①]目前，天闻数媒的数字教育产品已经在深圳、长沙等地的学校开始使用。人民教育出版社经营的人教学习网，定位于为全国范围内的中小学师生提供方便、快捷、高效的网络学习平台和网络学习产品，以信息化互联网测评手段对学生的学业水平情况进行诊断、制定科学的学习计划进行综合辅导。该网站分为学生专区、教师专区、家长专区以及相应的辅助模块，通过论坛、博客、互动交流平台等多种方式使学生、教师和家长能够充分沟通，满足不同层次消费者的需求。根据专区和模块的不同主要设置电子课本、特级老师同步辅导、名师指导拓展学习、中高考好帮手、教师专区、家长专区等栏目。[②]

---

① 中国教育装备采购网 . 天闻数媒 AiSchool 数字化课堂解决方案获 [EB/OL].（2012-11-21）[2018-09-18].http：//www.caigou.com.cn/News/Detail/113852.shtml.

② 人教网 .http：//www.pep.com.cn/.

## 二、赞助模式

数字出版产业具有双边性市场结构特点，这决定了出版企业的收入可以在内容消费者之外，开拓新的收入来源。赞助模式是广告模式和作者赞助模式的合称，广告模式指出版企业利用有价值的内容吸引规模用户的注意力，再利用注意力资源从广告商那里获取收益的一种模式；赞助模式是指出版企业利用自己的品牌影响力和有价值读者群的优势，吸引机构或个人作者付费，以资助作品的出版和传播。二者的相同点在于：出版企业的收入源自其规模化用户、较高的品牌价值或较高的行业公认度；内容的消费者不付费或付少部分费用，出版企业的收入主要来自广告客户和作者；分别以版面费、出版费或广告费的形式支付。

### 1. 广告模式

出版企业作为一个平台联系着广告主和读者两个客户群体。其双边市场具有以下特征：第一，平台的双边是不同产品、服务的卖主和买主；第二，读者和广告主两个客户群体间没有直接的交易关系，其利益相互依赖又相互矛盾；第三，读者的数字内容消费具有可预测、可测量的特征。双边市场的存在，使出版企业在收入模式上，能以低价将出版内容产品售卖给读者，而后将读者的注意力售卖给广告主以获得更大的收益。

广告支持模式是大众媒体获取收益的一条最主要的传统途径之一。在数字环境下，优质的内容资源不仅可以吸引广告主的投入，更能以丰富灵活的表现形式满足广告主的各种需求。该模式以门户网站、搜索引擎为代表。门户网站从传统媒体购买内容，搜索引擎利用搜索技术集纳内容，然后两者都将内容免费提供给网民以换取人气和流量，再用人气和流量吸纳广告，广告收益是这类网站的主要收入来源。从某种意义上讲，搜索引擎网站并不是数字出版企业，只能算作出版业的数字渠道。但是随着谷歌等

网站将数字化的图书内容、音乐，加入图书搜索频道和MP3音乐频道，并且Google Print进一步将全球所有图书数字化之后，搜索引擎网站已经向数字内容服务商转变。在经营上，它们采取了一贯的用户免费使用、广告盈利的模式。谷歌对数字出版业务的介入，主要是通过其“图书搜索”项目进行的。谷歌图书搜索是一种图书内容的全文索引目录，读者在搜索结果中发现感兴趣的图书后，能够进行少量的图书内容浏览，如果想要买到全文书籍，可以通过在搜索结果页面上出现的出版社网站以及网上书店的链接方便地进行图书购买。谷歌搜索的图书主要有两个来源，一是从出版社获得，一是来自图书馆。目前谷歌从出版社已经拿出的可供全文检索的图书有100多万种，全球有1万多家出版社参与了这项图书搜索项目，我国也有20余家出版社参与了该项计划。

谷歌将出版社提供的图书通过扫描的方式放进自己的服务器内，读者进入图书网页后，就可以看到书中的一些页面。对出版社来说，利用这样的搜索引擎可以让更多的人浏览到自己所出的图书，发掘潜在读者，并延长图书销售周期和寿命。曾有数据表明进入谷歌服务器的非畅销的图书销量可提高6% ~ 8%。当然，考虑到版权问题和自身利益，出版社提供给谷歌的图书以专业书、非畅销书居多。谷歌凭借其强大的搜索能力，开通“图书搜索计划”（Google Book Search）业务，吸引到全球众多的用户和广告主，在为读者提供免费的搜索服务，提供图书的提要、片段或者部分页面的同时，谷歌在图书页面配有相关的广告，按照点击量向商家收取广告费，并将收入以63（出版商）: 37（谷歌）的比例进行分成。谷歌这一收入模式，在国内外许多大型门户网站和搜索网站的图书业务中被采用，如百度图书搜索、新浪读书频道、搜狐读书频道等。出版社既可以与这些门户网站和搜索网站合作获取广告收入，也可以自己的传播平台上实行广告模式。

2. 作者资助模式

在学术研究出版领域，为了满足研究者和研究机构获得科学发现优先权或使研究观点快速、广泛传播的需求，出版商可以采用内容提供者支持的收费模式。近些年，在全球的专业、学术出版领域逐渐兴起了开放存取（Open Access）的出版类型，一般就是从作者那里获得收入，当然对于其他来源收入充足的出版商来说，他们对开放存取的期刊出版也可能采用向作者免费提供的模式。目前，越来越多的 OA 期刊通过接受资金赞助、收取出版费、审稿费等收入方式实现发展。①科学公共图书馆（Public Library of Science，PLoS）在 2007 年取得 348.6 万美元收入，2008 年取得 614.2 万美元的年收入，年度增长 76.2%②。在 PLoS 出版的 7 种 OA 期刊中，PLoS One 已经实现盈利，还可以贴补其他期刊的运营。BioMed Central 作为是一家传播科学研究成果的开放获取出版社，其内容完全向读者开放。出版 250 多种期刊，内容覆盖整个生物、医学、化学、物理学等领域。读者可以随时随地免费通过网络获取论文全文，但通过收取"文章处理费"（APC）来支付成本并获利。"文章处理费"是一项固定收费，不同学科不同期刊的收费标准不一，每篇单价在 500 ~ 2000 美元之间，支付者可以是作者、作者所在机构或社会资助机构。③它在 2007 年就获得了大约 1500 万欧元的收入④。另外，爱思唯尔、斯普林格在内的许多商业性科技出版机构开始采用"即时开放（Immediate Open Access）""延时开放（Delayed Open Access）""选择性开放（Optional Open Access）"等策略出版网络科技期刊。选择这些开放存取出版策略的出版商在获得原来订阅收入的同时，

① 刘锦宏，顾轩，2009. 网络科技期刊收入模式研究 [J]. 出版科学（5）：79-83.

② LoS Progress Report[EB/OL].[2009-07-06].http：//www.plos.org/downloads/progress_report.pdf.

③ 参见该机构网站 http：//www.biomedcentral.com/info/authors/apcfaq_ch.

④ Springer to acquire BioMed Central Group[EB/OL]. [2008-07-06].http：//www.springer-sbm.com/index.php? id=291&back-PID=131&L=0&tx-tnc-news=4970&cHash=56b1d882b2.

还可以获得赞助和版面费等收入。如牛津大学出版社2003年8月开始采用该出版策略的《核酸研究》（*Nucleic Acids Research*），在2004—2007年间的订阅数量一直保持稳定，其订阅收入占总收入的比例却由2004年的83%下降到2007年的34%，作者付费收入占总收入的比例则由8%上升到52%①。

3. 自助出版模式

自助出版即作者个人写书，自己编辑、印刷、发行、投资出版图书。自助出版服务的客户主要有两类：一是只想出版少量图书的作者，另一类是有商业抱负的作者。出版商通过为这些作者提供服务收取报酬，所以其收入主要来自作者，只有少部分来自销售市场。网络技术的发展和数字印刷技术的成熟，催生了这个模式的兴起，目前美国已有100多家出版公司（如Xlibris、iUniverse、Lulu等）开展这类经营。美国的图书零售巨头亚马逊较早专门成立了按需印刷出版社BookSurge，为作者出版作品，而作者需要为每本书支付最少3.15美元的费用，另外还要为黑白版印刷支付每页2美分的印刷费。此外，如果图书在CreatSpace的网页上销售，作者要向亚马逊支付图书定价的20%，如果在亚马逊网站上进行销售，则需支付图书定价的30%。由此算来，如果一本定价25美元的黑白版图书通过CreatSpace销售，每售出一本，作者会得到14.85美元，亚马逊可获得10.15美元。有的作者在达成自助出版协议后只印刷几册，并通过零售商直接销售，这时图书可以在亚马逊的一个仓库中心进行制作。对于大宗订单，则通过BookSurge印刷，作者还可以获得更高的折扣，但没有版税收入。

① CLAIRE BIRD，2008. Oxford journals' adventures in open access[J]. Learned publishing（2）：200–208.

## 三、版权经营模式

数字版权经营模式是出版商以贸易、授权经营、合作开发等方式向其他经营者转让或共享所拥有的数字内容版权而获取收入的一种模式。

版权是出版商最重要的资源。版权贸易是版权经营的一个传统方式，出版商在开拓国外市场时经常采用这一方式，一般把某一作品的特定文字的数字版权售卖给国外的出版商进行获利。授权经营是传统出版商进行数字版内容经营经常采用的另一种方式，一般的情况是，出版商把自己的数字版内容授权给数字内容运营商或渠道商进行经营，然后按照一定的比例进行分成。目前我国的大部分期刊出版商的数字发行业务采用这一方式，相当多的图书出版社也用该方式与汉王、方正、中国移动阅读基地、当当网、苹果的电子书平台等合作开辟新的收入渠道。由于当前的渠道运营商和内容运营商在技术、资本、用户量等方面拥有明显优势，一般的出版商与他们合作时获得的收益比例很低。

在现代知识产权制度下，以优质内容为基础，进行全版权运作，开发衍生品及专利产品，注册商标开展品牌化运营，是出版传媒企业实现范围经济和规模经济并进而实现内容价值最大化的主要手段。在开放、融合的环境下，原来束缚出版业跨媒介、跨行业、跨地域经营的制度性和技术性障碍逐渐消除，基于优质内容进行知识产权运营的出版策略已初露头角。大众阅读和娱乐领域的“IP 热”将继续蔓延。2015 年，我国网络文学衍生版权开发呈井喷之势，以版权为核心的网络娱乐产业链释放出巨大商业价值，由热门网络文学作品改编的影视作品屡创收视新高，其改编的游戏也能迅速获得大规模粉丝的关注；而影视和游戏的改编又反哺了网络文学本身的发展，促使其商业价值的扩大。2015 年年初，由腾讯文学与盛大文学整合成立的阅文集团，利用其庞大规模的内容储备、作家作品和多元化的

跨终端产品等优势，运用“泛娱乐”的 IP 开发战略，与游戏、动漫、影视等行业进行合作，以文学作品为源头，打造起了贯通出版、游戏、影视、周边等新兴产业链。2016 年年初，阅文集团公布与 Hobbymax 公司合作，面向全球推出《全职高手》的主角人物模型，它是阅文集团白金作家蝴蝶蓝创作的网络游戏竞技小说，全网阅读点击量达数亿，实体书已授权出版中文简体、繁体、日文等多种语言版本，并畅销各地市场。这种经营方式以内容和版权经营为核心，以全媒体出版和多渠道传播为手段，带动原有大众文化产品粉丝圈层的扩大，使高点击率原创作品的版权价值倍增，已经在网络文学和诸多内容产业领域展开。知识产权的运营在网络文学之外的出版领域也已兴起。据《中国出版传媒商报》报道，安徽科技出版社、大连出版社、青岛出版集团、社会科学文献出版社等，也已纷纷探索知识产权的综合运营，并获得良好效果。它们利用本社图书品牌和优势版权资源，通过与外部机构合作，开展全媒体出版和品牌化经营，并努力开发衍生品，进行特定垂直行业的全产业链运作，开拓了出版业经营的巨大空间。以版权为核心的知识产权综合运营，既可实现版权价值的多元化开发，又能克服出版多元化经营中产业关联度低的缺陷。未来，随着媒体融合、出版融合等发展战略的深入推进，出版产业竞争的进一步加剧，它将成为一种主流模式，向出版和新兴的数字内容产业的诸多领域迅速波及。①

## 第四节　建立外部合作网络

企业价值网分内部价值网和外部价值网，价值网的价值实现既来自企业自身的价值活动，也来自外部合作企业的价值创造活动。处理好与这些

① 张新华，2016. 移动互联环境下的融合新发展 [J]. 出版广角（1）.

外部合作伙伴之间的关系，构建和谐、稳定、高效运行的外部合作网络，对于数字出版商业模式的构建也至关重要。

## 一、合作角色

按照 Adam Brandenburger 和 Barry Nalebuff 提出的价值网概念，企业的发展进程受到四个核心组织成分的影响，即客户（Customers）、供应商（Suppliers）、竞争者（Competitors）和补充者（Complements），企业和它们之间的关系如图 5.4 所示。[①] 价值网强调各种关系的对称因素。例如，客户和供应商都拥有其竞争者和互补者。一家企业的客户通常拥有其他供应商，如果其他供应商使这家企业的产品、服务或客户价值增加，那么它就是该企业的互补者；反之，则是该企业的竞争者。同样，一家企业的供应商也拥有其他客户，这些客户是其竞争者或互补者。如果他们使这个供应商为最初那家企业提供的产品（或服务）更昂贵，那么他们就是竞争者；反之，则是互补者。与客户相关的原则同样适用于供应商，而与竞争者相关的原则也适用于互补者。

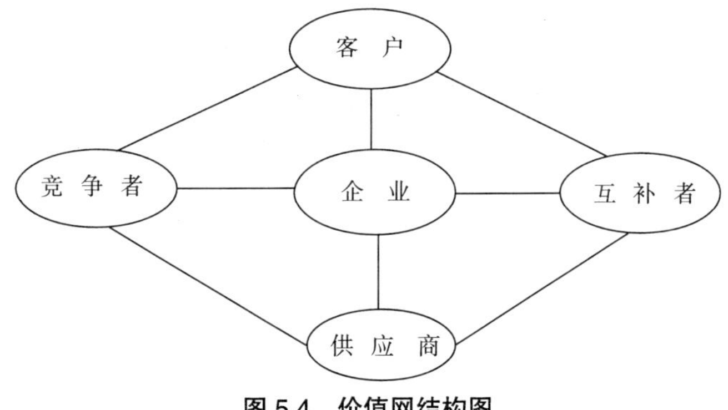


**图 5.4　价值网结构图**

企业价值网的构建，要求企业抛弃传统的竞争理念，而与如上不同角

① 智库百科：价值网模型 [EB/OL]. http：//wiki.mbalib.com/wiki/%E4%BB%B7%E5%80%BC%E7%BD%91.

色的利益主体建立合作共赢的关系。在传统的竞争思维模式下，不同角色的企业彼此间利益相互对立，价值系统任一成员的价值增加是以其余各方的价值损失为代价的。例如，世界科技出版巨头爱思唯尔借助在多个专业领域垄断性优势的内容资源，谋求在全球范围内高额的垄断利润，逐年提高其数据库产品的价格，使客户、作者同时遭受损失，造成不少国家的图书馆客户和科学家的联合抵制。我国的某些电商巨头为开拓电子书市场，完全不顾出版社和作者，不惜以极低价格甚至免费方式向客户销售电子书，使其供应商和竞争者利益遭受损失。[①] 因此，传统价值链的竞争思维有可能使各方陷入恶性竞争。而在合作共赢的思维模式下，彼此的利益相互捆绑，参与各方致力于价值网的边界的扩张，也就是创造新的价值增值，实现价值总量的增加。这是谋求自身价值增长而又不损及利益相关方的最优策略。在这样的策略指导下，价值网络的共赢成为可能。为此，企业应树立以下观念：①合作竞争观念，通过成员公司间的相互关系联结成一种动态、有机的价值创造体系。②整体价值创造观念，价值网上各成员应更重视整体价值创造，在关注自身价值形成的同时，更加关注价值网络上各节点的联系，提高网络在主体之间交互作用对价值创造的推动作用。[②]

在目前的数字出版供应链中，出版企业所面临的外部竞争加剧。首先，出版企业力量相对弱小，技术提供商、网络运营商、终端设备商等占有资本、技术、渠道等优势，导致出版企业在数字出版供应链上下游竞争中被边缘化，其次，作者借助新兴的出版技术完全可以绕开出版企业，独自发布作品进而扩大自身收益，从而形成作者与出版社之间的直接竞争关系。但另一方面，出版企业要实现自身价值，必须借助外部力量。所以，出版企业与其他经济主体间，在客观上既有竞争关系，也有合作关系。在此背景下，出版社只有在自身核心价值活动的基础上，通过与不同的企业建立起相对

① 胡大立，2006. 基于价值网模型的企业竞争战略研究 [J]. 中国工业经济（9）.

② 胡大立，2006. 基于价值网模型的企业竞争战略研究 [J]. 中国工业经济（9）.

稳定的关系，使出版社自身的价值活动与外部企业的价值活动相联结，形成完成的价值创造体系，在提升企业自身价值的同时，推动网络整体价值的提高。

## 二、合作主体

在数字出版产业链中，不同的经济主体拥有不同的核心价值活动，在产业链中的地位也各不相同，这决定了它们在出版社的数字出版价值网中所承担的职能和作用各异，出版社与不同经济主体之间所建立的关系也不尽相同。

### 1. 内容提供方

定位于价值网核心的出版社，必须拥有相当规模的内容资源，而内容资源的源头是内容的提供方。从内容的直接来源看，内容提供方可以是独立作者、研究机构、社会组织、政府部门、专门的内容生产机构等，也可能是力量比较弱小的出版社；但对大多数出版社来说，作者是最普遍、最主要的内容来源。所以，与作者建立起紧密的合作关系是出版企业价值网构建的重要基础。

在数字环境下，作者及其作品有了更多的价值实现渠道和更大的价值实现空间。出版社要想获得作者们的信任和合作，依靠过去的利益分配方式和联络机制远远不够，而需要通过建立更丰富、完善的服务体系来实现作者的价值，进而与作者形成双赢的合作关系。

兰登书屋与作者之间的关系值得借鉴。在数字化转型过程中，世界大众出版巨头——兰登书屋秉承以作者为中心的原则，通过为作者提供全方位服务和营销推广来为作者和他们的作品创造价值，以此来证明兰登书屋是“作者最佳的合作伙伴”。目前，兰登拥有50多位诺贝尔文学奖获奖作者；

它之所以能成功吸引很多著名作家，一个很重要的原因是兰登非常强调为作者提供专业性很强的服务，让编辑对作者提供一对一的服务，并使他们之间保持紧密的合作关系和深厚的友谊。现在，兰登利用全球资源，为作者提供全方位360度的服务。在它的“作者门户网站”（www.author.com）上，作者可实时查询自己图书的销售数据和版税金额，也可以利用它来为自己做一些推广，比如说通过社交媒体来为自己进行推广，打造自己的品牌。不仅如此，兰登还开始注重为作者开拓更广的收入来源和途径，如给作者提供演讲代理服务，帮作者安排收费演讲活动，或者安排其他收费活动等。[①]

目前国内出版社除了关注极个别的著名作家外，对大部分作者的重视程度还很低，还没有意识到与构建作者关系、实现作者价值的重大意义，从而导致作者们难以从出版社的数字业务中获得收益的尴尬状况。但也有出版社开始打破现状，谋求建立在数字出版领域与作者共赢的关系。中国作家出版社就是一例，它在2008年开始对纸质出版物内容的数字化工作，2009年进入手机出版领域。在2010年，中国作家出版社制定了数字出版发展思路：“弘扬中国传统文化，拓展作家服务经济”。2011年年初，中国作家出版社成立“北京中作华文数字传媒股份有限公司”，加快数字出版发展，启动手机出版业务；与电商体系和门户网站的文学阅读频道合作，策划图书专题；开发《共和国作家数字文库》《茅盾文学奖作者作品文库》等系列数据库产品；针对移动互联网应用开发书架和客户端；尝试全媒体出版，等等；通过开展一系列数字出版业务，该社在广泛传播作家的优秀作品内容的同时，为作家作品提供增值服务。2010年该社向中国移动阅读基地提供300部作品，收入200万元；2011年年底，该社按照与作家们合同约定，向授权的80余位作家支付手机阅读版税100多万元；2012年9月，

① 陈旷. 兰登书屋的全球出版和数字化进程[EB/OL].（2012-10-30）[2018-10-01].http://www.dajianet.com/digital/2012/1030/195126_2.shtml.

该社又向尹建莉、贾平凹、杨红樱等60余位作家发放2011年近百万元的数字出版版税，其中部分作家数字版权年度收益已接近或超过纸质图书带来的收益。[①]除了保障作家们的经济权益，中国作家出版社还开通“作家在线”网站，对作家、作品进行推介，建立作家和读者之间的沟通渠道，推动形成作家网络社区，为作家们提供更多的服务。[②]

2. 渠道运营商

渠道运营商是数字出版产业链上不可缺少的一个环节，出版社以自身的核心价值活动为基础，与渠道运营商的独特优势相衔接，建立紧密的合作关系，是形成数字出版价值网的重要组成内容。

伴随着数字出版产业的发展，渠道运营商挟网络与通信资源的优势，参与到数字出版平台建设中来，它们占据先天的收费优势和清晰的商业模式，在智能手机的迅速普及背景下迅速壮大起来，成为出版企业内容价值实现的必经途径之一。近年来，我国的数字出版渠道除了传统的互联网之外，又出现了电信、卫星、有线电视、移动互联网等渠道。

目前环境下，数字出版渠道运营商的核心优势主要体现在两个方面：第一，传播面覆盖广泛，传播渠道畅通，终端用户规模化。据工信部披露：到2013年7月，我国三大电信运营商所拥有的移动电话用户达到11.85亿户，在电话用户总数的比重达到81.3%；受智能终端普及和数据业务需求提高的刺激，3G对2G的替代明显加快，3G移动电话用户在移动电话用户数的渗透率提升到28.2%；[③]庞大的移动电话用户为电信渠道运营商提供了规模惊人的潜在客户群。有线电视网络具有覆盖面广、用户通达率高、

① 赵欣．作家出版社汇聚作家资源深入数字出版[EB/OL].（2012-10-29）[2018-10-01]. http：//www.cptoday.com.cn/UserFiles/News/2012-10-29/58722.html.

② 武翩翩．“作家在线”网站正式上线[EB/OL].（2011-07-18）[2018-10-01].http：//www.chinawriter.com.cn/bk/2011-07-18/ 54854.html.

③ 工信部运行监测协调局．全国电话用户总数超过14亿 3G渗透率达到28.2%[EB/OL].（2013-08-21）[2018-10-01].http：//news.xinhuanet.com/info/2013-08/21/c_132648682.htm.

带宽容量大、维护成本低等明显优势；湖北数字传媒有限公司所在的湖北省有线电视覆盖率达 90% 以上[①]，其业务模式也具有向全国推广的潜力。航天数字传媒有限公司则运营 10 颗卫星，可以实现全国地面覆盖。第二，收费方式便捷，收入模式清晰。与国内读者免费阅读互联网内容的习惯相反，手机阅读和有线电视收视从诞生之日起就采用收费的形式，再加上电信和有线电视比较完善的计费、收费方式，一般数字出版企业所头痛的读者免费阅读习惯和收入方式问题，在电信和电视渠道运营商这里迎刃而解。对于卫星渠道商来说，由于其主要定位于行业和集团客户，与面向个人用户相比，收费和收入问题也更容易解决。

出版企业和渠道运营商具有很强的互补关系。出版企业拥有内容优势，却往往缺乏渠道和终端用户资源；渠道运营商拥有现成的渠道网络和规模化用户，但没有内容资源和信息服务能力。处于价值网核心的出版企业，虽然需要建构自身的内容和渠道的运营平台，但一般很难具备渠道运营商的核心优势。数字出版企业价值网的构建需要出版企业与渠道运营商进行紧密合作，把自身的内容获取、内容加工、客户服务等核心价值活动与渠道运营商的内容发送、阅读收费等价值活动相对接，不仅可以开拓出版企业的传播渠道、扩大受众面、实现内容价值的最大化，还可能为出版企业赢得独特的竞争优势。

出版企业和渠道运营商之间的合作，存在着由浅入深的发展。在渠道运营商刚刚兴起时，国内的出版社由于对数字阅读缺乏信心和把握，在尽量压缩投入的指导思想下，一般采用授权经营的方式，把数字内容交给渠道运营商运营，获得相对很低的收益回报，以中国移动杭州阅读基地为例，它和一般的内容提供方利益分成比例一般是 6 : 4。随着数字阅读市场的快

① 乌仁才采 . 湖北省新闻出版局着力推进农村数字电视阅读 [EB/OL].（2010-07-13）[2018-10-01].http://www.chinaxwcb.com/2010-07/13/content_201352.htm.

速发展，内容价值的逐渐显现，越来越多的出版企业与签订战略合作协议，通过共享品牌资产、共同开发新产品、共同开拓新市场等方式，建立起具有一定专属性的平等共赢的战略合作关系。

例如，拥有“读者”品牌的读者出版传媒有限股份公司与渠道运营商合作，将会“读者”品牌在数字阅读市场上得以延伸。2013 年 6 月，读者传媒与中国联通签署合作协议，将推出“沃·读者”品牌手机，读者传媒将借助中国联通成熟的 3G 网络优势开发新的用户和产品。双方已研发出读者阅读手机内嵌入“读者云图”应用，读者手机用户可直接点击“读者云图”链接，通过中国联通的 3G 网络进入云图平台获得《读者》1981 年创刊以来的全部杂志内容，满足用户阅读 “读者云图”海量书籍的诉求。后期，双方将就读者集团研发的“读者云图书馆”平台与中国联通的“沃·阅读”合作，共同推出“沃·读者”海量阅读平台，集阅读、社交、网购与一体，并将该应用程序嵌入中国联通的所有合约机里面，为用户带来新的阅读体验。[①]

3. 技术服务商

数字出版建立在现代计算机和网络技术基础上的，没有计算机和网络技术公司的支持，单靠传统出版业的力量，无法实现出版业的数字化转型，更无法建立起以出版企业为核心的价值网。

新兴的信息技术公司进入数字出版领域具有先天的技术优势。从在出版产业链中的地位看，技术服务商可分为两类。第一类是平台类企业，如在谷歌、苹果、亚马逊等，分别凭借信息搜索、智能终端、电子商务等技术，控制了全球数字出版的很多领域。国内率先开展数字出版业务的企业也来自信息技术公司，如方正、百度文库、书生、清华同方、中文在线、当当、

① 张栎，张艳蓉 . 读者集团携手中国联通推出“沃 · 读者”手机 [EB/OL].（2013-08-12）[2018-10-01].http://news.ifeng.com/gundong/detail_2013_08/12/28514406_0.shtml.

盛大文学、掌阅、豆瓣、Anyview 阅读、唐茶、多看、QQ 阅读、网易阅读等，这些企业依托其雄厚的技术、资本优势，不满足于仅仅为出版业数字化转型提供技术支持的地位，纷纷向上游获取个体作者和出版业的内容资源，向下游开拓终端客户，已基本形成了以它们为中心的价值网格局，按照不同的模式进行运营。第二类是节点型企业，主要定位于数字出版产业链的某个环节上，为整个产业运行提供技术或设备的支持；这类企业如青苹果数据中心，主要定位于数字化产品制作、外包服务和销售；北京博云易讯科技有限公司，致力于为出版企业及内容服务企业提供面向数字化运营的整体解决方案；易博士、大唐等企业，主要致力于电子阅读器硬件研发和生产。

出版社与技术服务商之间存在着互补性竞争关系。在数字出版产业生态中，平台类技术服务商地位显赫，其优势主要体现在技术、资金、运营和终端用户四个方面。它们大多从 IT 起家，在不断革新技术的同时，也积累了丰富的网民行为知识，对网民的消费习惯和消费方式具有深刻立刻；依靠网络运营吸引大批忠实的终端用户，并以此来获取资本市场的青睐，逐渐进入良性的经营循环中。但是，由于一批技术服务商实现了从作者到读者的全产业链运行，它们大多在传统价值链的思维下，为自身利益的最大化并不重视作者和内容提供商的利益，对出版企业形成了很大冲击。与平台类技术服务商相比，出版企业存在着明显的资本少、技术缺、与终端读者隔离、经营理念落后等方面的问题，二者很难进行平等双赢的合作，出版企业常常处于“被侮辱、被损害”的地位。但是，对于大批出版社来说，要绕开技术服务商，单独开展数字出版业务似乎又不现实；而它们也需要出版企业提供丰富、优质的内容资源。

基于此，出版企业要建立以自己为核心的数字出版价值网，需要与两类技术服务商进行不同方式的合作。首先，对于力量强大的平台类技术服务商来说，出版企业要在谨慎应对的基础上，先尝试性建立局部的业务合作联系，在经过一段时间的磨合并达成相互信任后再进行大规模的合作，否则就及时终止合作，以避免更大损失。其次，对于节点型技术服务商来说，出版企业可以与之达成比较稳定的合作关系，采用外包和长期购买的方式，使之承担相应的技术服务或加工业务，以此来降低经营成本，提高效率。第后，出版企业还可以选择潜在的技术服务商进行合作，联合开发新产品，共同开拓新的数字出版市场。

在数字化转型中，中南出版传媒集团股份有限公司（下称“中南传媒”）在不排斥与其他技术服务商合作的同时，积极谋求与出版行业之外的技术商进行合作，争取数字出版行业的话语权。中南传媒于 2010 年 10 月，成功登陆 A 股市场，以经营与投资传媒产业为核心业务，2009 年综合实力位列全国出版集团第二，出版传媒主业营收位居全国出版集团之首。华为是全球领先的信息与通信解决方案供应商，其产品和解决方案已经应用于全球 160 多个国家，服务全球运营商 50 强中的 45 家及全球 1/3 的人口。2011 年，中南传媒与华为技术有限公司（下称“华为”）合资 3.2 亿元，设立天闻数媒科技（北京）有限公司。天闻数媒依托中南传媒深厚的内容积淀及内容策划生产实力和华为雄厚的技术力量及遍布全球的运营商通道，以数字出版及数字内容全屏服务的开发与运营为主营业务，致力于打造一个技术领先、营销导向、产品有竞争力的数字资源出版与运营平台，成为面向全球华语市场的首屈一指的数字资源全屏营销传播运营服务商。目前，该公司已形成数字教育、政企学习、大众阅读三大业务板块；其中数字教育板块的 AiSchool 电子书包就是中南传媒的内容优势与华为技术优势相结合的产物，该产品能激发教学理念、教学模式与教学方法的创新实践，也能满足随时随地学习的需求，实现区域优质教育资源统一管理。目前已完成一期开发和内容集成，与深圳龙岗区政府携手建设实验局，在龙岗区启动电子书包应用试

点工程，并在上海、北京等地中小学签订数字教育产品销售合同。[①]

4. 竞争对手

在市场上提供相同或相似内容产品和服务的出版商之间互为竞争对手。对于大部分传统出版企业来说，在进入数字业务中往往面临着其具有核心优势的内容资源的不足，这一方面导致它在单独经营中难以满足客户需求，另一方面在与技术商和渠道商合作中缺乏话语权。所以，若要提升内容方面的核心竞争优势，进而在数字出版价值网中发挥主导作用，出版企业与直接的竞争对手合作是一个有效的途径。

共同的利益是出版企业与竞争对手合作的前提。二者在信息、产品开发、捆绑销售、开拓市场等领域的共享，可以降低双方的经营成本，扩大双方收入，提高双方的竞争优势。

企鹅出版集团和兰登书屋原本世界顶尖的大众出版商，在图书出版领域互为竞争关系，但在电子书领域遭受亚马逊、苹果以及谷歌等新兴公司的强大挑战。2013 年 7 月 1 日，兰登书屋母公司德国贝塔斯曼集团对外宣布，贝塔斯曼集团与培生集团（企鹅出版母公司）签署最终合同，合并各自旗下的图书出版公司兰登书屋和企鹅出版集团在全球范围内的业务。合并后的企鹅兰登书屋成为全世界最大的图书出版公司，在全球雇佣一万余名员工，年收益将达到 30 亿欧元（约 39 亿美元），预计将占据行业内 25% 市场份额。贝塔斯曼在一份声明中说，通过此次合并，双方将能投入更大力量鼓励和支持书籍写作与出版，同时加快数字化转型并充分挖掘这一转型所蕴藏的各种契机，加强中国、印度、巴西等新兴市场市场的开发”[②]。可见，企鹅和兰登的合并的一个目的，就是提高

① 唐湘岳，2013. 资源拓展实现中南传媒跨界制造 [EB/OL].（03–28）[2018–10–01].http：//difang.gmw.cn/hn/2013–03/28/content_7143929.htm.

② 石剑峰，2013. 兰登书屋与企鹅合并成立世界最大图书出版公司 [EB/OL].（07–04）[2018–10–01].http://www.ce.cn/culture/gd/201307/04/t20130704_24541146.shtml.

在数字出版产业中的竞争力。

中国出版集团公司拥有众多著名的出版品牌和丰富的优质内容资源，但在数字出版的经营中仍采取与同行合作的方式。中国出版集团公司的大佳网不仅是自身的内容资源的经营窗口，而是面向全出版行业的公共服务平台，推出“出版社自主运营自助宣传”平台，向所有的出版社开放，共同拓展电子书市场。

## 第五节　实施管理创新

商业模式创新是企业价值运行逻辑的改变，需要在公司层面上全面实施相应的企业理念、组织、管理等方面的创新。为保障数字出版商业模式的顺利运行，出版企业必须进行企业文化创新和企业运作方式的创新。

### 一、创新出版企业文化

数字出版是迥异于传统出版的新业态，新的商业模式又是一种全新的价值创造体系；对于出版企业来说，要顺利实施并运行数字出版价值网商业模式，就需要打破原有的思维模式，创造一种新型的适应于信息时代的企业文化。美智管理顾问公司在为通过对实施价值网运作公司的调查发现：价值网不是一种特定的组织结构，不需要高级的“价值网运作”副总裁，需要一种具有如下特征的文化：具有远见卓识的领导层、具有创业精神的团队、简单清晰的目标、种种新的技能。[①] 对于出版企业来说，把这些特征嵌入到自己的组织中而进行投资，将为价值网的顺利实施奠定基础。

① 大卫波维特，约瑟夫玛撒，R 柯克克雷默，2001. 价值网——打破供应链挖掘隐利润 [M]. 北京：人民邮电出版社：152.

1. 确立具有远见卓识的数字出版发展战略

由数字技术所推动的出版转型是现代出版产业的一场深刻革命，对于现在的出版企业，要想将其改造成一个价值网公司，必须具有坚定的改革意志和远见卓识的领导层。这样的领导层会清晰把握数字出版产业的发展方向，高瞻远瞩地制定企业的数字化发展战略，明智地设计新的出版业务；一旦领导层具备了这种远见卓识，他们所创造的突破性文化就会像一面旗帜引领着企业的发展。2009 年年底，从法兰克福国际书展考察归来的电子工业出版社总编辑李新社多次公开演讲，提出出版的主体单位正在从传统的出版社向新技术公司转移，“数字出版是一把手工程，不搞不行，将来一定是走得快的把走得慢的吃了”①。2010 年 10 月，有学者在《新华书目报》撰文感叹：“数字出版是一把手工程，少数一把手已经觉醒，更多的一把手还在熟睡”②。在数字图书出版产业发展的初级阶段，存在着投入大、风险高、收益不确定等问题，使国内不少的出版企业在数字化转型中犹豫不前，只有那些具有高远眼光领导的企业勇敢地在数字化道路上探索。

社会科学文献出版社是国内较早涉足数字业务的专业出版社之一。该社在 20 世纪 90 年代末成立了电子音像部（2000 年更名为网络出版中心，2008 年年底更名为数字出版中心），专门负责数字出版工作。该社数字业务是在社长的直接领导和参与下启动发展的。为推动数字化转型，2002 年该社成立信息化小组，谢寿光社长任组长，直接领导出版社的信息化工作。后来，信息化委员会发展为与编辑委员会同级的出版社领导机构，负责所有数字产品的选题策划及出版社信息化建设工作。2006 年，谢寿

① 田丽丽，李鹏 .2009 出版网络并轨加速 [EB/OL].（2009–11–16）[2018–10–01].http：//www.bkjpress.com/Html/Article/ 20091116/1603.html.

② 张立，2018. 数字出版产业营销发展 . 新华书目报科技新书目 [EB/OL].（10–14）[2018–10–01].http：//a.xhsmb.com/html/2010–10/14/content_12610.htm.

光根据全球出版业数字化发展形势，提出专业出版社是发展数字出版的最佳突破口，并对数字出版业务的开展及出版企业文化创新提出系统的解决方案。[①]在谢寿光社长和信息化委员会的领导下，社科文献出版社的数字出版业务稳步发展，在国内专业出版社中走在前列。2008年，中国皮书网获得“最具商业价值网站”；2009年，皮书数据库被评为“2008—2009年度数字出版知名品牌”，谢寿光被评为“2008—2009年度数字出版先进人物”。2013年荣获出版界最高奖项“第三届中国出版政府奖·网络出版物奖”提名奖；2016年荣获“搜索中国正能量 点赞2015”“创新中国科技创新奖”；多次荣获中国数字出版博览会“数字出版·优秀品牌”、“知名品牌”。

2. 组建具有强烈创业精神的团队和相对独立的机构

建立创新性企业文化，构建数字出版商业模式，对于出版企业来说最大的障碍是机制问题，包括组织机构、部门保护、出版理念等。传统的出版社很难在其现有的结构范围内，获得决定性的改变。为绕开这种创新的障碍，一般的出版社选择成立一个相对独立的部门开展数字业务，也有的企业通过创建一个独立的公司来突破。社会科学文献出版社的数字出版业务是在1999年成立的音像电子部起步的，2000年音像电子部更名为网络出版中心，2008年年底更名为数字出版中心。2010年，为顺应数字出版行业的发展，基于专业分工和功能定位，又将数字出版中心分为数字内容编辑部、信息技术中心和数字产品营销中心三个部门，对应于传统出版的编、印、发，分别负责出版社数字出版的三大块业务：选题策划、内容资源整合、编辑加工；技术支持与维护、数字出版平台建设；数字产品销售与宣传推广。[②]

① 谢寿光，2006. 专业出版社是发展数字出版最佳突破点[EB/OL].（10-17）[2018-10-01]. http：//www.techweb.com.cn/news/2006-10-17/107616.shtml.

② 崔立，2012. 社科文献社——立足专业打造拳头产品[EB/OL].（07-30）[2018-10-01]. http：//book.ifeng.com/gundong/detail_2012_07/30/16407451_0.shtml.

数字化变革无论发生在出版企业之内，还是通过新的组织进行，都需要有一个紧密团结的、具有创新能力的团队，负责数字化变革的各个方面。数字出版业务的探索性、开放性等特点，对团队成员的创新能力及相互之间合作能力要求更高，它要求整个团队在一个核心的领导协调下，各成员一方面自主开展工作，另一方面相互之间可以进行适时的合作，甚至还需要与企业外部的合作伙伴进行合作等。

在人民邮电出版社，音像电子与网络出版部的团队核心是产品经理，主要由策划和开发人员组成，具体环节涵盖选题、脚本、开发、测试和营销。为方便团队成员间的合作，整个部门基于互联网公司的岗位进行设置，如 APP 研发由产品经理带队，团队里有脚本策划师、UI 设计师、开发工程师、测试人员、后续营销推广人员等。据该社音像电子与网络出版部主任安达介绍，该团队内部之间以及内部和外部之间在工作中都有充分、通常的沟通和合作，以确保工作的活力："我们会在产品开发初期、末期与选书的责任编辑开两次会。第一次落实脚本，因为责任编辑对书最了解，可以弥补脚本策划师的不足，增强产品专业性；第二次确定产品推广方案，重点讨论产品营销方面的问题，如 APP 的名称、分类、定价等。"这两次音像电子与网络出版部与责任编辑的会议也是人民邮电出版社在团队建设做法上的创新。在数字出版团队建设上，人民邮电出版社坚持内部培养和外部引入相结合的人才建设机制，注重人才更新与新人的培养。安达介绍，"脚本策划师在团队中扮演重要角色，以前曾经尝试找外面的人来做，但常常出现对产品理解有偏颇的问题。这样的人才还要出版社自己培养"。①

① 尹琨．传统出版转型更要"转脑"[N]. 中国新闻出版报，2012-12-6（8）.

### 3. 实施高效联动的协作机制

用正确的技能武装正确的人是企业文化创新的一个关键因素。价值网商业模式对企业内部的不同部门之间以及内部部门与外部企业之间的合作与协调程度要求很高，需要有新的政策、新的流程和有效管理这些关系的技术和人员。例如，版权管理和保护是数字出版企业价值网运行的一个重要内容，版权的获取、开发和保护需要相应的信息管理系统作为技术支持。一个科学的版权信息管理系统应该具备版权登记管理、期限管理、综合检索等功能，并能根据国家法律制度，进行方便灵活的设定，自动计算各种期限日期；应该具有版权信息数据库、强大的检索统计功能、合理的内外网集成、严密的安全机制等功能模块。①

在价值网中，“正确”的能力，表示企业员工能建立关系，并能在动态、开放与团队导向的环境中迅速成长②。数字出版价值网商业模式要求员工了解内容资源、产品形态、客户需求、传播渠道等方面的复杂性，并能与各种合作伙伴或委托人协同工作（如作者、版权中介人、供应商等），在所有层次的运作管理者都还须要具备战略技能、分析技能和一般的管理技能。

## 二、数字化出版运作

数字出版的价值网商业模式都建立在计算机和网络技术基础之上，它要求以数字化运作方式，依靠快捷、高效、互动的信息把出版企业与它的客户、供应合作商连接一起，并改善其业务。建立数字出版企业内外部连接与自动交易，是出版企业数字出版价值网商业模式构建与实施的重要步

① 王志刚，2011. 数字出版企业版权信息管理系统的构建 [J]. 现代出版（3）.

② 大卫波维特，约瑟夫玛撒，R 柯克克雷默，2001. 价值网——打破供应链挖掘隐利润 [M]. 北京：人民邮电出版社：158.

骤，它包括与客户、作者、供应商、内部机构以及全球性的办公网络数字化通信。

价值网商业模式是以客户价值为中心的价值创造体系，而与客户的数字化连接和自动化交易是实现客户价值的基础。在媒介融合和移动互联迅速发展的背景下，出版企业可以利用自身的网站、交易平台、第三方交易平台或者社会化媒体，通过计算机、笔记本、平板电报、手机、电视机等载体及相应渠道，与终端客户建立多屏、多接触点的交互式连接，以这些连接为基础，为客户提供内容推送、信息搜索、在线交易、即时互动、阅读、评价等服务，提高客户的忠诚度，降低运作成本。

与作者、供应商及其他合作伙伴的数字化传播和自动化交易是数字出版企业外部价值网的主要构成部分，也是价值网实施的基础。目前国内的不少出版企业已经建立了与合作伙伴之间的数字化传播和自动化交易网络，例如出版社与中国移动阅读基地、亚马逊、掌阅等渠道商之间的信息沟通、业务联系、内容传输、收入结算等基本上都在网络平台上进行。但是，除了网络文学网站和部分报刊出版单位，大部分出版企业还没有建立起与作者之间的数字化联系网络。作者是出版企业内容资源的最终来源，作者资源是出版企业的核心资源之一。通过与作者建立起常态化的数字化网络，可以及时了解作者的创作动态、获取作者最新作品，有利于出版企业和作者共同优化作品、开发新产品、为作品制定更有的营销方案，有利于提高对读者的服务能力，并且还有利于实现作者价值、保障作者权利。这方面，美国的出版商走在前列，企鹅兰登书屋、哈珀·柯林斯等出版企业面向作者都已经建起了功能强大的专门网站。

数字出版企业内部各部门之间的互联互通是价值网建构的一个基本要素。目前出版企业主要应用“出版 ERP 系统”来实现。ERP 即企业资源计划，是针对物流管理、人力资源管理、财务管理、信息资源管理集成一体化的企业管理软件，将企业内部所有资源整合在一起，达到最佳资源组合，取得最佳效益，体现了完全按用户需要进行经营管理的一种全新的管理方法。在开发和应用这套系统过程中，要有既懂计算机网络技术又懂出版业务的人，才能开发、应用到位[①]。

## 三、案例分析：时代新媒体出版社数字出版商业模式的探索[②]

时代新媒体出版社有限责任公司（简称时代新媒体出版社）是时代出版传媒股份有限公司的全资子公司。主要经营范围：出版、发行文化、科技、教育方面的电子读物及音像制品，销售上述产品配套资料和文化用品。在过去几年里，时代新媒体出版社通过依托安徽出版集团内部的内容资源实施出版的数字化转型和融合发展，搭建较完整的数字出版生态体系，形成了较完善的数字出版价值网商业模式，为公司发展奠定了坚实基础。到2017年，时代新媒体的总资产达18187.82万元、净资产达14619.45万元，实现净利润51.48万元。其所运营的时代教育在线平台业务依托安徽省基础教育资源应用服务平台，为2万多所学校、20多万个班级提供在线的社区化教学应用服务，并利用移动终端为家长用户提供家校互动的服务。已完成376494个教师、268358个学生的 注册，为学校师生开展基于社区的资源应用服务。

### 1. 确定数字出版发展战略和核心业务

成立于1999年的安徽电子音像出版社在2012年4月更名为“时代新

① 杨西京，2012. 后转制时期出版企业的管理创新[J]. 科技与出版（10）.

② 本案例根据如下资料整理：时代出版传媒股份有限公司2017年年度报告．时代新媒体出版社有限公司网站.http：//www.ahjyzx.com. 赵天峰（采访阮怀伟）. 阮怀伟：时代e博的数字出版生态系统.http：//www.bookdao.com/article/66940/. 李佳（采访阮怀伟）. 有着传统出版基因的互联网教育出版运营服务企业，如何探索，如何成长，如何进步？ http：//www.bookdao.com/article/66940/.

媒体出版社有限责任公司”，从此走上了转型升级发展之路。2016 年 8 月，安徽出版集团暨时代出版传媒股份有限公司制定“外联内合”发展战略，将安徽教育网络出版有限公司并入时代新媒体出版社，实施第二次融合发展。党的十九大以后，时代新媒体出版社进一步明确战略定位，提高战略目标：将秉承“创新、合作、诚信、奉献”的企业文化，奋力拼搏，力争将出版社打造成为全国出版企业融合发展示范基地，成为国内优秀的“互联网教育出版运营服务企业”。

出版社围绕基础教育市场，确立了以“平台运营”为主体，以“出版服务”和“融合创新”为两翼的发展战略，全力做好“教育信息化”和“传统文化出版”两大产业工程，通过经营管理、资源聚集、出版应用、技术集成、渠道拓展、运营模式的六大创新发展，形成智慧教育、内容运营、融合发展和教育培训四大经营板块。

围绕数字出版业务不断提升在行业的影响力和资质水平。先后承担了国家新闻出版广电总局授予的融合发展、科技标准两个实验室和安徽省教育资源动态出版重点实验室的建设。拥有互联网及电子音像出版许可证、影视制作经营许可证、电信增值业务经营许可证、广告经营许可等资质。先后被评为国家级高新技术企业、全国数字出版示范企业、安徽省级“双软”认证企业、安徽省现代服务业创新发展培育企业；是国家“电子课本与电子书包”标准专题组单位、国家科技部重点培育的“数字与新媒体出版产业技术创新战略联盟”秘书长单位；获得发明专利、软件著作权、标准等知识产权 85 项。

2. 构建全媒体数字出版生态圈

在探索出版融合发展的道路上，通过实施“1+3 平台运营工程”，构建全媒体数字出版生态圈。“时代 e 博”是时代新媒体出版社有限责任公司旗下的数字出版品牌，在2011年6月28日正式创建上线；围绕数字出版、数字教育搭建、传统文化搭建分别搭建和运营“时代出版在线”“时代教育在线”“时代书香在线”三个云平台，为产业生态圈上的内容提供者、出版者、产业合作伙伴和用户提供具有行业特色的现代出版服务，建立全媒体数字出版运营生态圈。

（1）时代出版在线——全媒体数字内容出版管理云平台。以“构建资源共享平台、实现多方合作运营”为建设目标，为作者、出版商提供数字内容版权管理、编辑加工以及“跨终端、自适应、多平台”移动投送系统解决方案。利用云计算、版权保护和新媒体应用技术，在数字阅读、数字教育领域为行业客户提供信息消费。通过运营模式创新，为内容所有者提供“淘宝式”自主运营服务，构建自我管理、自我销售的数字出版生态体系，让作者、出版商、平台商、运营商形成合作共赢格局，为中、小出版企业提供数字化转型服务。

（2）时代教育在线——电子书包应用服务云平台。以“创新服务模式，共享教育资源”为建设目标。根据国家提出的“三通两平台”信息化战略，依托安徽省教育厅批复的“时代教育在线”，在服务区域级教育云平台的基础上，实现信息互联互通，为教育主管部门、学校提供教学资源数字出版与技术应用集成创新；在聚集名校、名师优质资源的基础上，利用移动互联网提供电子书包应用服务云平台，实现教育资源“校校通”“班班通”“人人通”。平台采用B2B2C2B的运营模式，主要营业收入有两种，一种是面向政府、学校机构：由政府、学校机构通过招标采购平台内容资源、智慧课堂管理系统、智慧校园云平台以及学校在线购买资源服务内容；另外一种是面向家长用户包月收费：由家长用户通过包月购买移动客户端，目前此项业务处于试点推广阶段。

（3）时代书香在线——全民数字阅读服务云平台以“引领低碳全民

阅读、构建绿色书香社会”为建设目标。依托移动互联应用技术，探索B2B2C的运营模式，为党政机关、企事业单位、街道社区、农村等特定群体提供“时代e博·书香社区”运营平台服务，开展具有行业特色的读书活动，创建学习型组织，推动数字阅读“进机关、进企业、进社区、进农村”，营造书香社会。

3. 创新管理体制和公司文化

2016年，出版社借二次融合之机，按照数字出版的业务流程和运营需求调整组织结构。目前已形成了新媒体出版研究院、综合管理中心、内容研发中心、技术研发中心、产品运营中心和教育培训中心的“一院五中心”管理架构，并拥有安徽教育网络出版有限公司、安徽铭品泰文化传媒有限公司两家子公司，托管合肥时代教育培训学校。

公司脱胎于传统出版社，构建适应数字出版发展的公司文化是出版社面临的最重要课题。关于此，公司总经理阮怀伟总结了两点最值得分享的经验：第一，坚定信心，紧跟国家媒体和出版融合的大政策，坚持媒体融合发展之路。互联网环境下，整个出版业正经受着转型升级的变革时代。时代趋势要求利用新媒体技术提升出版内容的价值，将传统单一文字、图片、音频、视频等元素有机融合，创新内容产品形态和品质，为用户提供个性化的知识服务内容。传统出版从内容生产到产品传播方面，都面临着许多新的问题和新的挑战，而初建团队由传统出版人组成的数字出版队伍，包括传统出版的销售人员、电子音像编辑，以及从高校引进的专业技术人才；完全是基于出版基因条件下形成的。传统出版人的做事方法、思维方式都在影响着团队，对数字出版事业的认同度也是参差不齐，需要一个过程去提升。几年来，公司团队坚信自己的初心，以坚韧的决心从事数字出版立足教育信息化。第二，培育一支充满创新、充满活力的青年团队。关于公司团队建设，公司确立了与员工共同进步与发展的理念和制度。在2017年，公司员工平均年龄31岁，通过调整组织架构，在岗位层级和晋升制度上设置上注重灵活性和延续性，积极创造条件，发挥员工工作积极性。注重企业文化的建设，提升员工的“归属感、责任感、荣誉感、成就感”，开展丰富多彩的文体活动、员工生日派对、员工结婚纪念日送鲜花等工会活动，实现员工与企业共同发展。提升团队的出版专业精神和能力，教育员工拥有出版人的情怀、有坚定传承文化的信念和初心；重视员工的职业生涯规划，通过学习互联网企业的成功经验，采取有效的岗位、薪酬和考核制度等激励措施，为员工提供广阔的发展平台；注重员工的入职培训、职业技能培训，定期安排新员工或者重要岗位上的员工外出培训学习，同时也鼓励员工自主参加外部培训。

4. 加强对外合作，推动共同成长

数字出版不能靠出版社单打独立。时代新媒体出版社高度重视与产业价值网的各个节点企业开展合作。仅以2018年为例，出版社确定的年度“力推进三件大事”都与对外合作相关。一是立足安徽面向全国，通过与人民教育出版社形成战略合作，探索“1+3平台运营工程”与政府教育信息化平台建立互联互通机制，以“时代e博・智慧校园”智慧教育解决方案为抓手，为教育局、学校、教师、学生和家长提供基于网络学习空间移动应用且具有新兴出版特色的智慧教育“新媒体方案”。二是立足服务基础教育，突出新媒体、新技术在资源开发上的应用优势，实现内容资源深度开发，将素质教育与应试教育有机结合，重点建设特色数字教材和专业化资源库。在人教社的带领下，以权威教材为抓手，探索形成出版行业发展新标准，特别是K–12领域的教育出版业转型。三是围绕产业发展，积极打通产业链的上下游，构建实现联动发展的平台。通过标准化智慧教育服务体系，通过平台运营和创新服务模式，通过同高校科研院所、优秀企业的“产学研用”合作，有效联结产业上游的企业和下游的用户，解决数字教育出版产业链上的“内容、技术、服务”供需双方对接问题。

# 第六章　数字出版价值网商业模式的优化

在数字出版产业链中，作者和终端客户（读者）是不可或缺的两个主体，出版企业作为链条中的一个环节，通过对内容的选择、集聚、加工、组合、生成、营销、发送等活动，为作者和读者价值的实现提供服务。可见，作者、读者和内容是数字出版企业经营的三个基本对象，也是出版企业价值网商业模式优化升级的三个基本着力点。打破作者与作者、读者与读者、内容与内容及三者之间相互隔离、互为孤岛的关系，而建立起相互连通的网络关系，是目前数字出版价值网商业模式优化升级的可行路径。

## 第一节　构建数字出版知识网络

在数字环境下，出版内容信息量急剧增加，读者却在内容海洋里越来越难以找到自己所需要的知识；这既不利于出版产品市场的开拓，也无益于读者的知识利用和知识再生产活动，出版企业和读者的价值都无法充分实现。为解决这一问题，出版企业可借鉴情报和图书馆领域的知识网络建设思路，在优化数字出版价值网时，根据知识之间的关联，建构起由出版物所承载的知识内容为基础的知识网络。

## 一、知识网络和出版知识网络

在20世纪中期以后，知识网络先后成为情报学、企业管理学、认知心理学、计算机科学等学科的研究热点。在信息管理、情报学等研究领域，知识网络主要是针对科学研究活动中知识的组织、存储、检索与利用；它被认为是知识节点及其结构与关系。在管理学界，知识网络是一批人、资源和它们之间的关系，为了知识的积累和利用，通过知识创造、知识转移，促进新的知识的利用。在计算机科学和人工智能等研究领域，知识网络通常是语义网络、概念网络、神经网络、Wordnet、Knownet和知网等概念的统称，反映知识和概念之间的逻辑关系，被广泛应用于数据信息可视化、知识挖掘、知识工程、知识表示、自然语言理解等众多领域。[①]不同学科从不同研究的目的和角度出发，对于知识网络的内涵认识各异，但从中也不难看出各领域对知识网络的三点基本共识：①知识网络是一个集合概念，“是指由知识节点（知识单元）和知识关联构成的知识体系”[②]；②知识网络作为一种知识存在和结构形式，以知识间普遍存在的联系为基础，借助现代信息技术手段实现知识间的广泛而复杂的链接；③知识网络的构建根本目的是提高知识利用和知识创新的效率。

作为人类的认识成果，知识之间存在着普遍的、多元的、复杂的联系。[③]在数字化环境下，利用一定的技术手段把相互关联的出版物及其知识内容连接起来，就构成了以出版物内容为主体的知识网络。可以认为，出版物知识网络是指由各类出版物（包括书、报、刊、音像、网络等载体）所承载的知识及其相互之间的链接而构成的知识体系，也可称为出版知识网络。

---

① 文庭孝，汪全莉，王丙炎，等，2009. 知识网络及其测度研究 [J]. 图书馆（1）.

② 文庭孝，汪全莉，王丙炎，等，2009. 知识网络及其测度研究 [J]. 图书馆（1）.

③ 文庭孝，刘晓英，刘进军，2010. 知识关联的理论基础研究 [J]. 图书馆（4）.

## 二、出版知识网络的构成要素

基于出版内容资源基础上所构建的知识网络，其构成主要包括知识节点、知识关联和知识链接三个要素。

### 1. 知识节点

在知识网络结构中，知识节点是由在认识上可以相对独立存在的各种知识单体形态，即在认识上具有独立性的知识元、知识单元构成。[①] 传统以（书）本、（刊）期为基本物理单位的出版物是一个由多层次知识单元构成的知识集合体，其知识内容具有相对的完整性、系统性和独立性。但从载体形式特点和内容组织看，单个出版物的知识单元可分为三个基本层次：出版物、篇章和知识元。①出版物，如一本书、一期期刊、一份报纸等。②篇章。一个出版物的内容由数量丰富、颗粒更小的知识单元组成，其中，书籍内容的基本构成单元是章节，期刊的基本构成单元是单篇的文章；出版物内部的这些篇章也是相对独立的知识单元。③知识元。当知识单元被切分到“不可再分割的具有完备知识表达”的程度时，就达到了出版物内容知识的最小单元，即知识元[②]。知识元“是构成知识结构的最小独立单元”，用来表示一个个针对特定问题的解决方案[③]。根据主题或表达的内容知识元又可分为三种类型：理论与方法型知识元、事实型知识元和数值型知识元。在如上三个层次的知识单元中，知识元是最基本、最活跃的知识体，知识元之间的排列和组合方式的变化是新知识生产的一个重要途径。

由于出版物具有物质和精神双重属性，出版物的三层知识网络节点也

---

① 赵蓉英，2007. 论知识网络的结构 [J]. 图书情报工作（9）.

② 朱庆华，2006. 知识元挖掘评介 [J]. 情报科学（12）.

③ 姜永常，杨宏岩，张丽波，2007. 基于知识元的知识组织及其系统服务功能研究 [J]. 情报理论与实践（1）.

具有内在和外在的双重属性。内在属性指出版物内容知识的本质属性，反映知识与它所认识的客观事物的关系，从这个角度也可将出版物中的知识节点称为“概念”“事物”“规律”“规则”“学科”等。外在属性是由于知识内容的表达、识别、传播和版权归属等需要所附带的知识，包括名称（标题）、作者、出版者、出版时间、出版地区（网址）、类型、载体形式等信息，这些信息实际上组成了独立知识节点的“身份识别系统”，反映它所对应的知识内容的客观存在性，是知识的知识，在数据库中被称为关于知识的“元数据”。

2. 知识关联

知识关联是指构成知识网络的知识节点之间的联系，即是使各相关节点间形成意义系统的联系。[①] 出版知识网络中的知识关联是指出版物的知识单元（包括出版物，出版物中的篇章，知识元、句子、词语等知识内容）之间存在的各种联系的总和。“任何一种知识的属性都可能作为一种关联属性构成知识网络”。[②] 由于出版物知识节点具有双重属性，出版物知识单元之间的关联也包括内在属性关联和外在属性关联两种。出版物知识的内在属性关联是知识所描述的事物之间相互内在的联系性决定的，这种内在的联系一般表现为知识单元之间具有的同一关系、从属关系和相关关系的联系。同一性关联指知识节点间具有的某种相同性质所形成的关联，是知识节点继承性的表现；它导致具有相同性质的知识节点以同一性构成联系并相聚形成学科、专业的知识单元集合、网络。隶属性关联指某一知识单元或知识单元集合隶属于某一概念、范畴和类别的逻辑关系；它反映了知识单元之间一般和个别、总体和部分的内在关系。相关性关联是指在同一、隶属关系之外知识单元间所具有的相互依存、相互渗透、相互制约、

① 赵蓉英，2007. 论知识网络的结构 [J]. 图书情报工作（9）.

② 周晓英，2010. 知识网络、知识链接和知识服务研究 [J]. 情报资料工作（2）.

相互作用、互为中介的关系，一般是指相反、相对、因果、引用、应用、影响等各种关系。[①]出版知识的外在属性关联就是知识的外在属性之间的各种联系，如学术论文作者之间的联系、某学术问题研究的时间和地区分布等。通常来说，外在属性关系简单明确，很容易被发现识别并加以利用；而内在属性关系复杂多样，动态性较强，有的知识关系只能由领域专家发现和建立。

3. 知识链接

在出版知识网络里，知识链接是根据知识节点的双重属性，通过知识关联将具有同一、隶属、相关等内在属性关系和外在属性关系的单元知识，按照固有的联系或一定的需要地链接起来，继而构成序列化或结构化的知识网络的一种知识组织方式。[②]在出版物所构建的知识世界里，知识之间的关联是客观存在的，同时也可能是隐性的；通过知识链接，不仅可以使隐性关联显性化，实现现有知识之间的互联互通，还可以发现新的知识。在当下的信息技术环境下，不同知识单元联系在一起的技术和方法有：传统的目录法、索引法、引用法，现代的超文本链接、主题网关、参考链接等。由于作为知识链接的对象是各种各样的知识单元，知识的颗粒度不同、知识内在属性和外在属性不同，出版物知识之间的知识链接异常复杂。按照知识单元从大到小来划分，出版物知识单元之间的链接形式可分为基于出版物单元的知识链接（也称为参考文献链接或引文链接）、基于信息单元的知识链接（也称为知识属性链接）和基于知识元的知识链接（也称为知识逻辑链接或语义链接）。这三种知识链接形式，能使知识粒度由大到小、表现形式由粗到细、对象内容由表及里

① 周晓英，2010. 知识网络、知识链接和知识服务研究 [J]. 情报资料工作（2）.

② 姜永常，2012. 知识网络链接的理论基础与基本原则 [J]. 图书馆（2）.

地对各种类型和属性的知识进行全方位的网络链接，会为出版知识构建一个完整的知识网络体系。[①]

## 三、构建出版知识网络的意义

构建出版知识网络对于数字出版企业价值网的建设和优化来说意义重大，不仅是出版社顺应数字时代知识消费需要，还是它参与数字出版产业竞争的必要选择。

### 1. 顺应数字时代的知识消费需求

据中美两国有关机构的研究表明，数字时代知识消费者的需求和行为相对过去发生了很大变化：知识获取上，需要无缝链接和自助服务；知识内容上，需要从简单文献获取转移到知识发现，甚至支持知识创新；知识检索上，需要一站式、个性化、全文化、可下载；成本上，需要最快、最省力。[②]传统出版业通过书、刊等出版物向社会传播知识，一本（套、系列）书、一份期刊都是一个体系完整而又独立的知识集合体。在一种书刊的内部，知识之间通过“目录”“索引”等方式建立起粗略的结构链接和字词链接；而书刊与书刊之间的知识关联，由于受物理载体的局限，除了运用“注释”“参考文献”等有限的技术手段表明知识关联外，知识之间的链接无法建立起来。为了打破书刊知识的这种片段性、孤立性存在方式，历史上的编辑家和出版家们发明了丛书、类书、套书、大百科全书等图书体裁，主要通过分类、集合等方式建立起出版物知识的链接。但这些链接所反映的知识之间的关联比较单一、肤浅、片面和有限，根本无法满足数字环境下读者对知识消费的需要。可见，为顺应知识消费方式的转变，出版社需

---

① 姜永常，2012. 知识网络链接的理论基础与基本原则 [J]. 图书馆（2）.

② 肖希明，黄连庆，2007. 以需求为导向的数字信息资源开发 [J]. 中国图书馆学报（6）.

要改变传统的知识提供和知识服务模式，建立起规模庞大的、功能健全的、相互之间可互通互联的知识网络。

2. 提升在企业竞争优势

相对于图书馆界和信息搜索行业来说，出版行业的知识网络建设远远落后。图书馆界在情报学理论的指引下，在20世纪后半期就开始了数字图书馆建设，努力构建囊括人类所有文献知识在内的知识网络；以谷歌和百度为代表的新兴信息搜索服务公司，先后推出了基于知识关联的学术搜索和知识图谱功能①。近年来，数字图书馆和搜索型IT公司依靠强大的知识网络提供便捷优质的服务而获得高额的经济回报。而对于绝大部分出版社来说，基于出版物的知识网络还没有建立起来；在数字化转型中，不少出版社虽然尝试提供电子书刊、数据库等数字化产品，但在知识组织和产品开发上仍拘于传统的编辑出版方式，或改变知识载体和传播方式，或改变知识的存在单元，而对传统以（书）本、（刊）期、（论文）篇等为存在单元的知识内部及相互之间深入、本质的关联缺乏有效关注。这种知识网络建设的落后局面使出版社在与其他企业的竞争中陷入被动局面，大部分出版社沦落为数字出版产业链上内容提供商的角色，在商业博弈中往往处于大型图书馆和谷歌、百度等公司的下风，无法体现出版社在知识生产和传播中的先导地位，出版社的经济利益也一再受损。所以，通过构建出版物知识网络，占据数字出版产业链的高端位置，是传统出版社参与数字出版产业竞争的必要途径。

## 四、出版知识网络构建的类型和特点

出版物知识单元的层次性和出版物知识关联的复杂性决定了出版物知

① 佚名. 百度疑似推出“知识图谱”功能，搜索结果百科全书化[EB/OL].（2012-12-12）[2018-10-01].http：//www.bookdao.com/article/56301/.

识网络的多样性，从不同角度可以对出版物知识网络进行分类。从知识节点的颗粒大小、不同属性和知识关联的链接方式看，目前国内由出版社主导或参与建设的出版物知识网络主要有三类：元数据知识网络、全文出版网络和知识元网络。

1. 元数据知识网络

出版物的元数据是规定出版物外在属性的附属性知识，由这些知识集合并按照一定需要建立起链接关系的知识体系即是元数据知识网络。该类知识网络最早源自出版社纸质版的图书目录或期刊题录等，伴随着出版网络发行渠道的兴起而产生，在互联网上读者可以通过它方便地查阅到其中的图书信息及图书之间的外部属性联系，如书刊名、（期刊中文章）标题、作者、出版时间、学科分类、定价等；但通过这些信息还不能链接到它所指向的知识内容本身。目前大多数出版社都实现了此类知识网络的开发和利用，其中最具代表性的是中国出版集团公司于2006年开始建设“中国可供书目数据库”。到2011年，该库收入书目数据200多万条，覆盖了90%的出版社的80%以上的品种；实现了全国书目信息动态采集、更新、发布和服务，具备浏览与检索的全部功能，可以及时向市场传播图书产品信息，动态更新产品可供应的状态。[①]元数据知识网络虽然还没有涉及出版物的知识内容，但也打破了出版物孤立、静止的存在状态，使传统出版物借助该知识网络实现了生命周期的延伸。

2. 全文知识网络

一些出版社为了实现知识内容的多渠道发布、多介质传播，以整本出版物（包含全部的知识内容及附属信息）或出版物的篇章为节点构建全文

① 中国出版集团网站 . 中国可供书目数据库 [EB/OL].（2011-10-27）[2018-10-01].http：//www.cnpubg.com/digital/2011/1027/ 8908.shtm.

知识网络，实现了知识元数据和知识内容本身的同步网络传播。此类知识网络是目前国内出版社建设的主要形式。例如，人民交通出版社研发的“中国交通知识服务数字出版平台”，到2012年年底已经上线本社电子书11798种，外购电子资源45819种；上线交通专业科技词典类工具书68种，交通标准1584种；共形成交通标准、工具书、史书、教材教辅等6大交通专业数据库。在功能上，可以通过关键词跨库检索、全文阅读和下载。2009年，社会科学文献出版社正式上线销售的皮书数据库，以连续性皮书系列为基础，囊括了近20年间数千名研究人员的年度报告类科研成果，内容涉及经济、社会、文化、教育、金融等100余个行业和领域；内容以篇章为基本单位；具有整合、审编、发布、管理、检索浏览、版权保护、输出流量统计、操作日志管理、计费管理等功能；库内所有篇章的文献题目、内容提要、作者名称、作者单位、关键字等基本信息都可进行在线检索，可在线阅读或下载阅读。[①] 该类知识网络实现了出版物内容与外部属性信息之间的关联和链接，同时也打破了传统出版物以本（册）为单元的传播方式，使知识节点细化到篇章层次。但是，构成它知识节点的知识单元颗粒仍然太大，知识链接主要依据知识外部属性之间的关联发出，知识之间内在的本质联系还没有被挖掘出来。

3. 知识元网络

知识元网络就是以知识元为基本知识节点所构成的知识体系，其中，知识元之间的内部属性和外部属性之间的关联都是通过语义链接实现的。知识元及其语义链接，在知识网络有机构建和功能发挥中起着独特的主导作用；知识元语义链接表示的是知识之间内在属性的逻辑关联（也称为语义关联），在此基础上所构建的内容交互的逻辑知识网络，能还原知识关

① 林丹夕 . 提升产品形态确定盈利模——盘点出版社专业数据库 [EB/OL].（2013-01-10）[2018-10-01].http：//www.sinobook.com.cn/press/newsdetail.cfm?iCntno=15867.

联的本来面目。这有益于消除信息孤岛，提升知识自由集成服务能力，是用户挖掘知识、组合知识、利用知识和创新知识的有力工具。[①] 可见，知识元网络对用户的知识利用和知识创新的价值超过其他的知识网络，是知识网络建设的最高层次，但也是建设难度最大的一类。目前可见的一个知识元网络是“医学知识库”。它由人民军医出版社、解放军医学图书馆联合研发的医学类专业知识网络，它抽取医学图书中的知识元并将其重组，进行结构形式上的归纳、选择、整理，以疾病为知识核心，包括疾病、药品、手术、辅助检查、循证证据、疾病研究进展、医保药品、手术图谱、临床操作规范等相关知识，并且通过这些知识之间的内在联系将其有机地结合起来。[②] 从知识节点及知识链接看，“医学知识库”以疾病及其相关领域的知识元为节点，主要通过库内知识超链接的方式，实现知识间的关联，知识获取的精准性和便捷性很高；但该库还是一个相对封闭的体系，库内知识元无法与外部知识进行链接；同时，其中的知识元及其链接都是预先设定的，不能根据用户需求生成新的知识元及其与其他知识间的链接。可见，“医学知识库”还是一个“入门级”的知识元网络。

如上三类知识网络分别代表了我国出版知识网络的基础阶段、过渡阶段和目标阶段的发展水平。但是，由于这些知识网络大多以单个出版社资源为基础建设，知识网络的规模普遍较小，知识网内部的知识链接路径有限，不同的知识网络之间不能互联互通，这既不利于读者们的知识利用，也无法充分实现出版物的知识价值。所以，在当下的数字化转型过程中，出版社需要以这三类知识网络为基础，继续提高知识网络的建设水平。

---

① 姜永常，2012. 知识网络链接的理论基础与基本原则 [J]. 图书馆（2）.

② 中国知网 .http：//pmmp.cnki.net/index.aspx.

## 第二节　构建读者网络社区

读者是数字出版企业服务的最终对象，也是数字出版价值网构建和运行的核心。在数字化、网络化社会环境中，构建以读者为中心的网络社区，是数字出版价值网商业模式优化的必要途径。

### 一、构建读者网络社区的背景和意义

1. 阅读社区化与读者网络的兴起

伴随着社会化媒体的兴起，读者之间的类聚、互动、分享等行为越来越频繁，数字阅读的社会化趋势日益明显。2010 年，Flipboard 首创 social magazine 形式，将用户感兴趣的新闻、照片以及社交网络上的信息聚合在一起并自动生成内容，以杂志的形式呈现给读者，并能通过转发、评论等行为进行社交互动。由 Flipboard 为代表的这种社会化阅读应用为数字阅读带来了新模式，被称为阅读的“革命”，它综合了兴趣与社交，既兼顾用户对内容的个性化需求，又满足用户交流分享的意愿。[①]社会化阅读由此被引爆。据美国 RR Bowker 公司在图书业研究机构的 2010 年“让信息付费”活动上提供的数据显示，69% 的买书者都有使用某种社区网络的习惯。而且这并不仅限于年轻人，在接受调查的人群中，有 89% 的 55 岁以上的买书者表示他们都在“脸书”（Facebook）网站上建有页面[②]。

阅读社会化催生了国内外阅读网站的发展，这些网站多采用种社区的方式来实现，并通过一些新媒体应用，诸如 Widgets、开放 API、在线聊

① iResearch，2012. 社会化阅读成为资讯获取主要手段 [EB/OL].（08-02）[2018-10-01]. http://www.199it.com/archives/60909.html.

② 陆云，2018. 出版商社区营销 21 贴 [EB/OL].（05-25）[2018-10-01].http：//www.cpin.com.cn/html/2011/05/25/716906.html.

天等模式实现读者社区网络的形成。以 LibraryThing 为例，它使用 Z39.50 协议自动从书商及图书馆那里获取书籍数据，用户还可以上传 / 导入符合 MARC 或者 Dublin Core 格式的书籍数据。用户建立了属于自己的书架，对书进行 tag 等操作之后，LibraryThing 就会向你推荐你可能感兴趣的书籍，并且社会化网络功能也会起作用：使用“Members with your books”这个功能，LibraryThing 会告诉你 50 位和你拥有相似书籍的用户；当你浏览别人的书架时，LibraryThing 会告诉你他与你共同拥有哪些书籍。通过这些找朋友的方法，你可以方便地在 LibraryThing 上建立起你的书友网络。LibraryThing 在社会化网络的运营之外，创造了一种把虚拟的网络关系实体化到现实世界中的方式——图书交换（Swap Books）。

北京的豆瓣网也是一个成功的社区型阅读网站。豆瓣网创办于 2005 年 3 月，集书评、影评、乐评、微博、交友、共同爱好等多种功能于一体，到 2012 年年初注册用户已突破 4000 万。豆瓣网的创意源自创立者杨勃的一个十分简单的想法，“想知道有多少人在和自己看同样的书”，以读书为中心，强调分享、互助和开放的理念，集成了用户评论和推荐功能，聚合了社会网络（SNS）的关键元素，能够满足用户的搜索、评论、推荐、贴图等功能需求，实现良好的互动性。用户可以随时发布原生态的书评、影评和乐评，分享个性化的阅读感受和体验，喜好相似的用户能够自动组成豆瓣小组，就共同关心的话题进行更多更深入的交流和互动，其中既有“科学心理学”“电影音乐”等话题较为开放宽泛的小组，也有“J.S.BACH 巴赫”“不能承受的生命之轻”等以某位作家或某个作品为核心话题的“粉丝”式小组。在豆瓣的小组里，用户之间的交流并不只是在阅读体验上，“小组收藏”“关注的人”“关注的活动”“同城”等功能，可以将具有共同喜好的、互相感兴趣的或者居住在同一地区的用户连接起来，交流阅读感受，交换书籍，转让二手书，参加小组活动，结识兴趣相投的书友，甚至进而成为现实生活中的朋友。豆瓣的社区互动不仅增强了用户黏度，借助网络平台，个人阅读转化成为一种生动有趣的社区式的互动体验，使读者收获了更多的愉悦。[①]

2. 读者网络社区对于出版社的价值

阅读的社区化发展为书籍的营销和传播开辟了新的活动空间，已经引起部分书商和数字出版企业的重视。

从网络书店起家后又逐渐进入电子阅读、数字出版领域的亚马逊，近年来通过自建和收购的方式已经拥有了四个读书社区；除了亚马逊官方网站评论区外，另外三个是独立网站。① Amazon Kindle。它的功能和 Kindle 用户紧密相连，所有买过的 Kindle 电子书以及 Kindle 上的读书笔记都会被同步上去。用户可以选择是否公开读书笔记，并可跟踪浏览其他用户更新的笔记。② Shelfari。创建于 2007 年的 Shelfari，是一个专注阅读的维基式网站，依靠志愿者完善每本书的信息，比如简介、人物列表、不同版本的封面汇总等等，为图书爱好者们提供了自由交流的网络空间。该网站允许用户创建虚拟书架，并与好友分享图书目录，2008 年被亚马逊收购后，增加了根据读者喜好推荐亚马逊网站上其他作品的功能。Shelfari 的成功之处在于创新而又简洁的 UI 设计，一个质感丰富而且颇具时尚元素的虚拟书架，拉近了读者距离，现在，这一书架模式成为众多网站模仿的对象，同时其丰富的遴选功能和社区化模式，让读者成为“以书会友”的最好平台。③ GoodReads。GoodReads 的社区比较接近国内的豆瓣读书。通过访谈和赠书鼓励作者与读者的交流是 GoodReads 的一个特色，早在 2011 年，它的作者项目已经吸引到超过 17000 名作者。读书社交网络 GoodReads 应该是目前用户书评质量最好的一家。不少成名作者，比如 James Patterson

① 张莉，2012. 阅读 2.0 时代的用户关系与图书馆信息服务新趋势——基于豆瓣模式的探索[J]. 图书馆工作与研究（4）.

和 Stephen Leather 也在上面写书评和博客维持影响力、推广新书。亚马逊旗下的读书社区覆盖了四个不同角度：官网评论区直接针对顾客、Amazon Kindle 网站是 Kindle 平台的延展、Shelfari 提供维基式的信息汇总、GoodReads 连接读者与书虫。[①]

从亚马逊所属阅读社区的经营状况看，社区化的读者网络在提高读者的阅读体验的同时，对于数字出版经营的具有重要的价值。①可为数字出版企业吸引大规模的读者，由读者之间所形成的各种联系对于提高读者黏性具有明显作用，这可为出版企业提供稳定而忠实的终端客户群。②读者在社区中的阅读、推荐、分享、评论等活动在网络效应和口碑效应的作用下，能够直接促进出版企业图书和其他内容产品的广泛传播和消费。③通过读者网络，出版企业可实现与读者之间进行直接的交流和互动，还可以对读者的阅读行为和社交活动所产生的数据进行分析继而适时采取一定的经营策略。

## 二、读者网络社区的特征和要素

### 1. 读者网络社区的概念和特征

社区是指一群人在工作、环境或生活关系上有共同目标、目的、共同需求或共同的兴趣，因此产生某些同质性而组成的组织、团体。读者网络社区是在互联网空间中由某种共同阅读的偏好、目标和需求的人所聚集而成的社会群体。社区中的成员通过网络上的读书、信息共享及相应的社交行为，不断吸引更多读者参与、交流、沟通，进而形成网络空间中联系的社会人际关系网络。

① 黄俊杰 . 亚马逊的那些读书社区 [EB/OL].（2013-03-29）[2018-10-01].http：//tech.qq.com/a/20130329/000093.htm.

读者网络社区和其他虚拟的社区一样，具有五个基本特征：一是聚集的人群；二是理性追求效用最大的使用者；三是人跟人的沟通不需要实体共同位置，人也未必跟所有人沟通；四是社会交换过程包含生产与消费（如信息与意见的生产），且每个使用者多半有消费的过程，但未必生产；五是参与者社会互动通常围绕聚焦在互相了解的共同目标（如环境保护）共同的认同或特性（如同个国家文化，或是生活习惯的选择），或是共同的兴趣（如嗜好）。[①]

2. 读者网络社区的要素

读者社区是读者的集合，需要依赖出版经营者所设计构建的平台吸引一定数量的读者在社区内产生活动以活络社区，有吸引人的数字内容、鲜明的主题可以让人共享、讨论，并且让读者间容易建立人际网络。读者社区必定存在一些管理者制定的规则，以此来影响社区的互动方式，使其按照出版商所预定的方向发展。但无论出版企业所建构的社区如何，都应该遵循一个基本的原则：即社区的正向自我回馈和规模报酬递增的效果，这是数字出版企业构建读者社区的意义所在。

按照 Hagelm & Armstrong 提出的虚拟社区报酬递增因素的观点[②]，数字出版的读者网络社区构建需要从内容吸引力、读者（会员）忠诚度、读者（会员）资料及交易活动四个要素入手（如图 6.1 所示）。

（1）内容吸引力。社区经营者要尝试提供有吸引力的内容主题以吸引浏览人群，以提升社区内容的价值，借此可让读者们花更多时间参与社区，使社区内容能自主的快速发展累积，一方面提升现有读者（会员）的

① BALASUBRAMANIAN, MAHAJAN V, 2001.The economic leverage of the virtual community[J].International journal of electronic commerce：103-138.

② HAGE J, ARMSTRONG A G , 1997. Net gain：expanding markets through virtual communities[J].Harvard business school press.

忠诚度；另一方面可使得更多潜在读者（会员）加入社区，成为一个正向的自我循环。

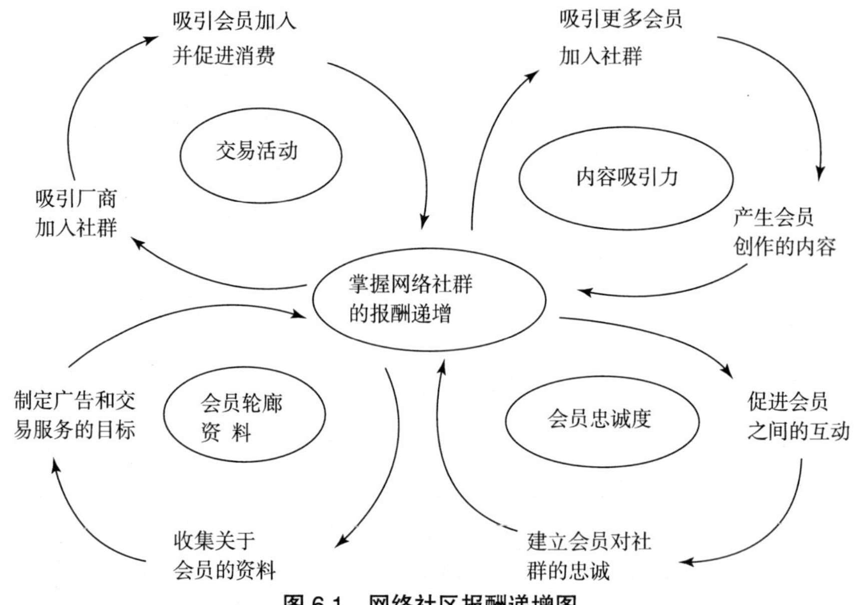


**图 6.1　网络社区报酬递增图**

（2）读者（会员）忠诚度。由社区经营者提供个性化和定制化服务带动活动与主题来增加会员互动，社区参与并联络情感，这样可以增加社区中读者（会员）的忠诚度，当社区成员的忠诚度建立起来后，读者（会员）资料的正向循环就会开始运行。

（3）读者（会员）轮廓资料。当读者（会员）长时间广泛使用阅读社区后，社区经营者就积累了社区会员的轮廓资料，这有利于经营者定位读者习性和阅读需求；当读者会员资料轮廓清楚后，社区经营者可以再修正其内容服务已接近这群读者，甚至为读者主动提供个性化的内容推送服务，或根据读者数据吸引广告商。由此可实现阅读交易活动的循环效果。

（4）交易活动。读者网络社区建构的座钟目的是通过提升和优化数字出版价值网来实现获利，当交易活动频繁发生后，能鼓励更多内容导入社区，并能刺激其他厂商加入该社区，从而使社区中的内容更加丰富多样，更加能够满足读者会员的阅读需求，更能刺激读者会员消费，进而吸引更多内容和厂商加入，这也成为一个正向的交易循环。

## 三、读者网络社区的构建和运营

读者社区的构建就是通过特定的内容（如知识性、思想性、社会性）、事件（如历史、科技、文化、娱乐）、人物（如作者、编辑、出版人）把具有相同兴趣的人聚集起来，然后通过社区的运行把社区成员转化为本企业的客户。对于数字出版企业来说，构建读者网络社区是吸引读者、联系读者、扩大内容销量、获得更大收益的有效途径，更是数字出版企业价值商业模式的重要组成部分。构建读者网络社区可以遵循如下几个步骤。

1. 设立读者社区，吸引规模化用户

目前环境下，出版企业构建读者社区从平台的类型上看可有两种方式：一是在出版企业官方网站上设立读者社区，二是在社会化媒体平台开通读者社区。

（1）在官方网站设立读者社区。出版企业在自己网站上增加了新型的社会化媒体的功能开设读者社区，鼓励读者进行阅读分享、对内容进行标注、转发、评价等，从而把读者社区与内容资源、作者资源安置在同一个网站平台上，有利于出版企业对读者社区的直接引导、管理和利用，并可实现读者社区与图书交易、阅读之间的无缝链接；对于读者来说，也减少了获取图书内容的成本。如中国教育出版传媒集团在高等教育领域运营着 3 个读者平台，也可视为读者社区：一是大学生在线，这是由全国高等教育学校共同参与、面向大学生的网络社区，已有 300 多所高等学校、200 万大学生实名注册。二是全国高等高校教师网络培训平台，已形成由“教

师发展在线”和55个实体分中心组成的全国性教师网络培训体系。三是高校课程资源共享平台“爱课程网”，正在建设1000门中国大学生视频公开课和5000门国家精品资源共享课。在基础教育领域，该集团运营着“人教网”和“人教学习网”。

对于缺乏互联网运营经验的出版企业来说，开通读者社区之后，需要克服用户规模小、互动性差的难题。例如由中国出版集团公司主办的大佳网于2012年5月开通“书客”社区，公司把它定位为以朋友推荐和名家推荐为关系纽带的阅读社区，通过名家推荐图书、朋友推荐图书、读者引导读者的方式，建立书与书、读者与书、读者与读者之间的多重网络，增强阅读的互动与社交性。[①]但是，登录“书客”就可发现，目前该社区的用户寥寥，用户之间的社会化联系更少。相对而言，人民邮电出版社信息技术分社的异步社区就比较成功。该社主要出版计算机和编程方面的图书，2015年创办异步社区，以聚拢读者和作者队伍为基础，形成一个集图书购买、生产优质内容、作译者服务、自出版为一体的综合性服务平台。其用户既有专业人员也有业余爱好者，都能在该社区获取和分享前沿的IT资讯和技术知识；同时，也为工程师、“码农”、产品经理和设计师们施展自己写作才华提供专业的服务。可见，异步社区已经跨越了传统图书经营的范畴，进入到以用户为中心的知识生产、知识消费、自出版等多个领域，为其提供精准的出版及相应文化服务。

（2）在社会化媒体平台上开通读者社区。出版社利用社会上影响巨大的社会化媒体平台，在上面开通注册账号，并适时发布出版及内容的相关信息，吸引具有相同兴趣的用户群形成读者社区。最近几年，随着以Twitter和Facebook为代表社会化媒体在国际上融入主流社会，已发展成

---

① 苏妮.国内首家社交型阅读社区大佳网“书客”上线[EB/OL].（2012-05-21）[2018-10-01]. http://tech.cnr.cn/list/201205/t20120521_509660002.shtml.

为与搜索引擎、门户网站和电子商务相提并论的互联网基础性应用。在我国，社会化媒体也拥有丰富多样的交流分享平台，产生了微博、社交网站、视频分享、RSS 订阅、微信等大型社会化媒体网站，它们相互竞争，并各自拥有规模庞大的不同用户群体。根据中国互联网络信息中心（CNNIC）于 2017 年 8 月发布的第 40 次《中国互联网络发展状况统计报告》，截至 2017 年 6 月，使用率排名前三的社交应用均属于综合类社交应用。微信朋友圈、QQ 空间作为即时通信工具所衍生出来的社交服务，用户使用率分别为 84.3% 和 65.8%；微博作为社交媒体，得益于名人明星、网红及媒体内容生态的建立与不断强化，以及在短视频和移动直播上的深入布局，用户使用率持续回升，达 38.7%，较 2016 年 12 月上升 1.6 个百分点。垂直类社交应用中，豆瓣作为兴趣社交应用的代表，用户使用率为 8.6%。从社交平台行业内部来看，内容成为各社交平台体现价值的主要表现形式，平台成为连接优质内容生产方和用户的窗口，内容生产方从专业媒体、公关机构、大 V 向网络红人、粉丝及普通用户延伸。内容品质的不断提升，提高了用户付费意愿，推进平台进一步完善优质内容付费服务模式。同时，社交平台进一步推进用户分级，为不同用户提供不同服务，提升用户的会员付费意愿。从社交平台行业外部来看，社交平台的移动性使行业不断与其他领域拼接融合，从网红、直播、社群等紧密相关的细分领域，到广告、游戏、电商、金融、O2O 等，平台在保持自身定位的同时，均在相关产业链寻求更大发展及变现机会。[①] 毫无疑问，类似微博、微信等社会媒体平台已经汇聚了海量的用户，对于数字出版的经营者来说，在这些平台上设立账号，围绕某些（种）图书或编辑、作者创建社区，可以更加便捷而迅速地吸引相应用户的加入。目前，越来越多的出版社利用社会化平台设立

---

① 郝丽阳 . 社交平台聚焦优质内容生产，加速与多产业拼接融合 [EB/OL].（2017-08-04）[2018-10-01].http：//www.cac.gov.cn/2017-08/04/c_1121427221.htm.

读者社区，扩大产品的营销渠道，例如人民交通出版社以读者服务部名义开通腾讯微博，水电知识网开通中国水利水电出版社新浪微博，中国轻工业出版社开通中国轻工业出版社生活图书中心新浪微博，其他如北京语言大学出版社、人民出版社等在新浪微博、腾讯微博平台均建立了对应名称的微博，这些出版企业的微博在吸引读者关注、扩大产品销量、提升出版社品牌影响力方面都发挥了积极作用。

在如上的两类阅读社区中，数字出版经营者都是发起者和主导者。阅读社区的具体经营者可以是出版企业的管理者、图书经营者、书籍编辑，阅读社区应当以他们中的某个或某些成员为中心建立起来，所以他（们）不仅是阅读社区的具体经营者，还应当作为阅读社区的成员在其中发挥舆论领袖的作用，默默引导着社区沿着有利于企业价值实现的方向发展。

2. 开展社区互动，培养社区文化

当由出版企业发起的以社区管理者为中心的阅读社区建立后，数字出版经营者需要通过加强社区成员的互动，不断巩固并扩大社区成员间的连接关系，增强社区成员的文化、情感等方面的认同，提高阅读社区的文化凝聚力。社区互动包括两个方面，一是社区管理者与普通成员之间的互动，二是普通成员之间的互动。社区管理者在各种阅读社区中一方面充当着出版企业或图书的代言人，同时也须在社区中充当舆论领袖的角色，在很大程度上决定着阅读社区的发展方向，影响着出版企业价值网的功能的实现。

管理者与普通成员之间的互动可以采用线上线下多种方式，主要有如下三种。

（1）信息的发布与反馈。社区管理者在社区中按照一定的频率（如一天两条）发布出版社、图书、作者、编辑以及管理者自身等方面的新闻性、知识性信息，使社区成员对出版企业的品牌和图书加深了解。这些信息在内容上应当符合社区中大部分成员的兴趣，在形式上可采用文字、图片、音频、视频、多媒体等多种手段，在格调上尽量幽默、隽永、令人回味，利于其他用户阅读、评价、转发。同时，管理者对于其他用户所发布的信息、所提出的问题要及时地进行回应、解答，形成管理者与普通用户之间平等交流、相互尊重的良好关系。

（2）组织讨论、沙龙等线下活动。管理者可以根据特定的图书、作者，或者用户们普遍关心的问题设置一定议题，调动、吸引用户在社区里进行讨论，加大用户参与度。还可以定期组织社区的线下活动，如读书沙龙、作者与读者见面会、专题研讨等，使社区中的虚拟人际关系转化为现实，增强社区的凝聚力。

（3）回馈用户。为吸引阅读社区的不断扩大、提高用户的忠诚度，出版经营者需要对社区的追随者给予一定的奖励和回报。在社区举办比赛、投票、发放礼品、有奖销售等活动。如一本关于绿色生活的书，让用户把自己如何进行绿色生活的好贴士发到出版社的社区网页上，或让用户把该书信息转发给其他的好友，管理者最后向提供好建议、信息转发量达到一定数量的用户赠送图书或其他礼品。

### 3. 分析读者信息，提供决策依据

搜集、分析读者信息并以此作为内容生产、服务读者等经营活动决策的依据，从而保障价值网的有效运行，是构建阅读社区的最直接目的之一。在数字出版价值网中，读者是中心，读者价值的实现是企业价值实现的根源。只有充分掌握读者的阅读和消费信息，及时把握读者的消费需求和利益诉求，出版企业才能提供令读者满意的内容产品和服务。

阅读社区和一般的网络社区一样，用户可以在特定访问环境下建立公开或者半公开的个人基本信息，还会显示与某人建立连接关系的那些用户的列表，用户可以查看自己的连接关系，以及该社区内其他用户的连接关

系。网络社区中的读者信息大体分三类。一是静态信息，即读者在注册加入社区时登记的用户信息，一般包括性别、年龄、地理位置、所在行业或单位、文化程度、兴趣爱好、自媒体、（网络）社会关系等。二是动态信息，即读者在社区中活动时留下的各种信息，既包括读者所发表的各种信息、言论等；也包括读者登录社区的动态性行为信息，如登录的时间、地点、频率，发表信息的类型、方式等。三是关系信息，即社区中不同读者之间的交往、联系、互动等信息。不同类型的信息对于出版企业价值网运行的意义不同，静态信息主要用于对读者按照不同属性进行分类及其潜在阅读需求的把握上，动态信息主要用于读者当下和显在阅读状态和消费需求的挖掘和确认上，关系信息主要可用在产品营销的口碑效应和网络效应的利用和实现上。在大数据环境下，如上三类信息，出版企业都可以通过一定的信息技术手段搜集、保存下来，并进行及时、细致、深入的分析，然后可形成对社区中读者成员提供针对性、个性化内容服务的决策依据。

4. 与内容和服务对接，提高交易效率

数字出版企业设立和经营网络阅读社区的目的是与终端读者建立直接关系，及时搜集读者阅读需求信息，快捷为读者提供内容和服务，从而提高数字出版价值网的运行效率和实际效益；而实现快捷服务的前提是建立内容资源平台及其网络交易平台与阅读社区的直接联系。目前，读者社区与内容交易的连接主要可采用如下三种方式。

（1）直接交易。如果出版企业的内容资源与阅读社区共处于一个网络平台上，且具有在线交易的功能，就能够实现阅读社区与内容资源的无缝链接，社区内的读者成员就可以直接通过内容资源的链接，搜索、购买、下载、阅读所需要的内容。这种方式在出版企业官网和专门化社交平台的阅读社区中都很常见，亚马逊的官方论坛、大佳网的读客社区就采用这种方式；一些出版企业在豆瓣网开设的阅读社区也具有此功能；越来越多的出版社在微信公共账号上开设微店，直接进行实体书和电子书的交易。

（2）内容推送。利用在阅读社区或出版社自媒体中所搜集到信息及社区成员的消费历史信息，出版企业可有针对性地把适当的内容信息及购买链接适时推送到读者的个人页面或邮箱中，如果读者感兴趣，就可以点击购买链接进入内容交易平台实施购买行为。

（3）跳转连接。出版企业经营者在阅读社区的醒目位置标明本企业内容资源的网址，如果社区成员有意，就通过点击该网址进入出版企业的内容网络平台进行交易活动。这种方式主要见于社交媒体中出版企业所开设的阅读社区中。

如上三种方式各有优势，出版企业可以根据自身情况采纳使用，或者三者并用。前两种的链接路径短，读者可以在最短时间内获得所需要的内容；后一种有利于读者对出版企业内容产品的整体情况的了解。

## 第三节　构建数字出版作者社区

作者是内容之源，作者资源是出版企业核心竞争力的重要来源。从价值网的角度看，构建作者网络社区则是出版企业扩大作者队伍、加强与作者之间的联系的有效途径，也是推动出版企业数字出版价值网商业模式优化升级的一条重要途径。

### 一、作者社区兴起的背景和意义

#### 1. 作者社区的兴起

近年来，在社交媒体兴起的背景下，国际上一些著名的出版企业纷纷开设作者在线网络社区，通过与作者加强联系，为作者提供全面、个性化服务的手段来聚拢作者，从而提升企业竞争力。老牌科技出版巨头爱思唯尔为顺应教育科研开放化和社交化的趋势积极寻求变化，在 2013 年 4 月前后收购在线学术交流平台 Mendeley。Mendeley 是一款免费的跨平台文献管理软件，同时也是一个在线的学术社交网络平台。在 Mendeley 上，学术科研人员不仅能够搜索到全世界各地的学术文献，同时还能将自己觉得有用的文献添加到 Mendeley Library 进行管理编辑。除此之外，世界各地的科研人员还能在 Mendeley 上按研究领域组成各种兴趣小组，小组共享研究文献成果。科研人员还能在 Mendeley 上关注他所熟悉的学术权威，当这些他关注的对象发表论文之后，这些文章会第一时间出现在其 Mendeley 信息流中。Mendeley 除了有网站、桌面软件客户端，还有 iOS 版应用。而且它还开放了 API，目前使用此 API 的已达 300 个应用。到 2013 年 4 月，Mendeley 在全球已有 210 万学术科研用户和 24 个教育科研机构用户。Mendeley 所提供的服务都是免费的，主要依靠一些增值服务收费。[①]2013 年 9 月前后，企鹅兰登书屋重新推出书国（Book country）社区，面向不同创作类型的作者开放，并针对自助出版作者开设了电子书店。书国社区在 2011 年 4 月首次创立时该主要服务于神秘、科幻、浪漫、惊悚等类型的作者，这次重新开放服务对象拓展至 60 多种类型，包括文学小说、青少年小说和非小说等。企鹅兰登书屋建立该社区的目的不仅是使作者能够被发现，而且还希望寻找到一种方式来提升他们的工作效率，开发新的用户。在该社区中，作者们可以相互浏览彼此的手稿，帮助其他作者发展故事情节、角色和对话等；书国不仅是帮助作者开发作品，还在其作品创作完成之前一同培育读者，加强作者与读者的直接交流。[②]

① 丁伟峰 . 老牌科技出版巨头 Elsevier 拥抱新事物，收购在线学术交流平台 Mendeley [EB/OL].（2013-04-10）[2018-10-01].http：//www.bookdao.com/article/61813/?type=556.

② Suw Charman-Anderson. 企鹅兰登书屋：推出网络社区 Book Country 经营作者和读者 [EB/OL]. 丛挺，译 .（2013-09-04）[2018-10-01].http://www.bookdao.com/article/67260/.

国内的出版企业作者网络社区最先在网络文学领域兴起。2006 年以后国内的文学类网站之间的竞争越来越激烈，为了获取原创内容留住用户，一些文学网站逐渐开始进行社区化运营，通过社区这种互动交流的形态，来挖掘民间作者创意，增大网站对读者用户的黏着度。如中文起点网与 MSN 及网易建立战略合作伙伴关系成立频道，以扩展和触及更多的用户；如天涯联手谷歌推出“天涯来吧”，为用户提供更便捷的讨论空间；而一些新兴的文学站点也在通过各种合作来提升核心竞争力，如发展迅猛的紫宸殿网络小说论坛和四月天言情小说原创网，都选择与知名社区软件提供商康盛创想（Comsenz）合作，分别采用了后者提供的 Discuz！和 Discuz！ NT 论坛软件系统，以提升网上社区的整体性能，承载网友和读者更多的交流需求。社区里草根们的智慧解决了创意的来源问题，一批经典的网络文学作品层出不穷。如《鬼吹灯》就是作者和众多读者智慧的结晶。随着竞争的加剧，网络文学网站社区开始逐渐兴起，正展示出一种聚集性创意基地的形态。这种读者和读者之间以及读者和作者之间的 Web2.0 互动合作模式，无疑为网络文学的推陈创新提供了创意源泉，也让文学站点拥有了持久生命力。①

近年来，传统出版社也开始上线经营作者社区。2011 年 7 月，中国作家出版集团启动“作家在线”网站，该依托中国作协和中国作家出版集团的作家作品资源，对具有代表性的实力派作家及当下的文学新星进行推介，为文学爱好者提供一个了解文学动态、欣赏文学佳作和参与文学讨论的网络互动平台。网站聘请国内著名的评论家担任顾问，吸引包括从事传统写作和网络写作的作家成为网站用户。作家在加入该网站后，可建立个人主页，设置个人信息和作品信息，还可以在线投稿，与读者

① 忘川 . 网络文学社区兴起逐渐成为创意聚集地 [EB/OL].（2007-09-19）[2018-10-01]. http://www.ccidnet.com/2007/0919/1217513.shtml.

进行在线交流等。但从功能来看，“作家在线”对作家之间的交流缺乏必要重视，作家与读者之间的交流也并不充分，论坛的活跃程度远不及网络文学网站。

2. 构建作者社区的意义

构建作者网络社区是优质内容资源的稳定来源，是出版企业实现客户价值的有力保障。近年来，出版商之间为获得优质的内容资源对作者资源的争夺愈演愈烈。“亚马逊抢完读者抢作者 美国实体出版业反击”①、“出版商因何失去作者，出版商又将如何找回他们？”②、“在新的数字出版格局中，作者正在拥有更为强大的力量”③、“争抢白金作者：网络文学平台的新较量”④……这些看似有些骇人的新闻标题实则反映了围绕作者资源，出版企业之间激烈竞争的现状。一方面，对于出版企业来说，能够在“上游”拥有一批不断扩大的高水平、有影响力的作者资源，为编辑出版工作提供源源不断的内容来源，是提升企业核心竞争力的必要途径。另一方面，在数字时代，作者和出版企业的关系变得更加松散；随着论坛、博客、微博、自助出版等网络传播平台的推广，作者们可以绕开出版企业利用新媒体传播并经营自己的作品，造成出版企业作者的流失，这对出版企业内容资源的获取和利用带来了冲击。所以，数字出版企业之间的竞争在很大程度上体现为作者资源领域，只有掌握大批高水平、影响力大的作者队伍，才能保障内容资源的稳定的竞争力。同时，在吸引作者群的同时，利用新兴的社会媒体

① 徐璐明.美实体出版业“抱团”反击亚马逊抢完读者抢作者[EB/OL].（2011-11-08）[2018-10-01].http：//www.chinanews.com/cul/2011/11-08/3443849.shtml.

② 苏必利尔.出版商因何失去作者，出版商又将如何找回他们？[EB/OL].（2013-06-20）[2018-10-01].http://www.bookdao.com/article/64423/.

③ Kathy.科幻小说作者走上自出版道路传统出版商受冷落[EB/OL].（2013-03-21）[2018-10-01].http://tech.qq.com/a/20130321/000022.htm.

④ 罗秋云，2013.争抢白金作者：网络文学平台的新较量[J].IT时代周刊（14）.

技术和平台，构建作者网络社区，使作者的现实社会交往与网络空间中的交往融合为一，有利于巩固和扩大作者群与出版企业的联系，更有利于出版企业根据作者们动态信息组织、策划内容选题、加工内容资源、生成新产品，也又有利于出版企业根据作者们的要求为其适时提供个性化服务。

## 二、构建作者社区的方法

作者社区，这里是数字出版作者网络社区的简称，是由数字出版企业所构建并支持运行的、以创作者为成员、以各种数字媒介为联络媒介的社交性网络平台。

构建作者社区是一个较新的话题，在目前国内的出版社中还难以找到较成熟的例子，这部分以企鹅兰登出版集团的书国社区为例进行探讨。

### [案例] 书国（Book Country）作者社区的构建和运行

书国（Book Country）自称是一个写作和出版社区（见图 6.2），由兰登书屋在 2011 年 4 月创立，主要服务于推理、科幻、幻想、爱情、惊险等类型小说的作者。2013 年 7 月，在兰登企业书屋集团成立后，书国重新开张，将服务作者群体扩大到 60 个类型作品的作者，除了扩展虚构类小说和青少年小说类型外，还包括非虚构和旅游类等作品的作者。书国要求作者会员须达到 16 岁；到 2013 年 7 月，书国会员达到 8300 个，其中 2013 年上半年增长了 34%。会员中，三分之二来自美国，37% 来自克罗地亚、以色列、瑞士、南非、比利时、巴基斯坦、英国、加拿大、中国等。

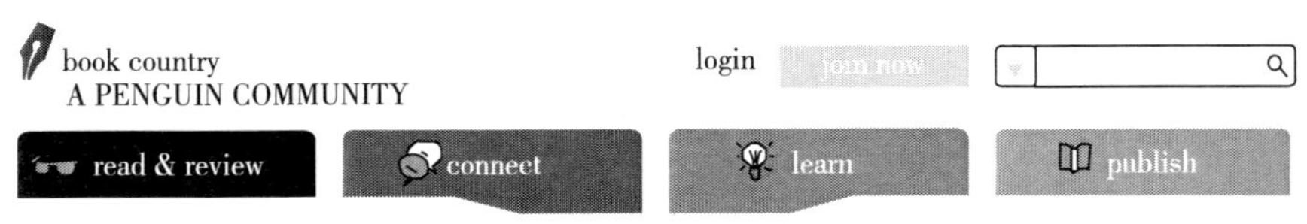


图 6.2　书国的标志和导航条

### 设立理念

书国的创立者和总裁，同时也是企鹅全球数字总监莫莉·芭顿在一次接受采访中谈到了书国的理念是：在网络上，各种类别的作家能更加开放地与其他作家相互合作。例如，我可以在网络上关注远方的言情小说作家，并与其他作家一起思考，把网络作为一种寻找读者的方法。类型小说作家的写作真的要满足和取悦读者，所以我认为他们对受众的反馈更加开放——他们真的要达到受众观众快乐的那个点。①

按照莫莉的讲述结合社区的实际运行可以看出，书国创立和经营的核心理念是开放互联、合作共赢。（1）开放互联：作者在注册为社区用户后，在网络平台上就可实现对同行、对读者的开放，也可实现对自己创作过程和作品的开放；在开放的空间中，作者和通航、读者及出版商之间可进行平等互动地交流。（2）合作共赢：在社区中，作者用户可与出版系统中的多种行为主体无障碍地合作，实现共同价值的提升。作者和同行合作，通过合作共同开发创意、进行写作、开发读者，通过相互审阅和评论优化作品；作者与读者合作，在作品写作、传播过程中，通过与读者的沟通不断修正作品，使作品更符合读者的口味；作者与出版商、运营商合作，出版自己的作品并通过多种渠道在全球发行。

### 塑造社区文化

书国非常重视社区规则和文化的塑造，在不同发展阶段采用不同方式引导着社区文化的发展。（1）调动用户、形成规则。在书国创立初期阶段，经营者积极调动、吸引作者成为社区用户并参与交

① PORTER ANDERSON.Book country： now opening new territory[EB/OL].（2013-07-21）[2018-10-01].http：//publishingpers pectives.com/2013/07/book-country-now-opening-new-territory.

流；随着社区的发展，用户就逐渐成为主流，彼此提供帮助。事实上，书国的策略与社交媒体运作方式是一样的，首先与初始用户达成共识，形成一种社会规则，确定哪些行为是可以接受的，哪些是不可接受的，然后社区就会在规则指引下持续发展。（2）促进作者间交流。为促进作者间交流，社区在刚推出时规定：新的用户在上传稿件之前必须先浏览其他作者的3篇小说（目前减少至1篇）。如今作者为网络社区带来更多回报，平均每部作品大约能获得5.8个来自同行的反馈和评价。同时，作者们可以相互浏览彼此的手稿，帮助其他作者发展故事情节、角色和对话等；社区实际上已经充当了为作者提供修改试验的场所，例如曾有一本书有获得58条评价，致使其作者曾六易其稿。（3）培育社区文化。创办者希望书国成为一个令人尊敬、相互合作而且安全的网络空间；它要求用户上传的作品必须是自己创作的，不得有版权问题；用户之间的评论重点是相互的作品而不是人，相互间的交流应当坦诚、直接，评论性文字应该采用理性、具体的风格，不容忍任何不文明的、过激的言辞；鼓励用户之间的相互尊重，努力塑造“一种社区的人文关怀，让人们感觉到彼此需要”。

**社区功能**

书国社区的主要功能有三种。（1）作者间的交流。在书国上，作者们可以发现同行、与同行交流，可以阅读评价同行的作品，并且与同行一起开发创意、优化作品。（2）培育读者，与读者互动。书国不仅是帮助作者开发作品，还在作品创作阶段就与作者一同培育读者，并根据读者的反馈意见修改作品。（3）提供出版服务，实现作者价值。书国为作者的作品提供两种出版服务，一是利用电子

书的自助出版服务，书国为作者提供从书籍设计到营销推广的一系列服务，根据作者所要求服务项目的不同收取相应的费用；二是纸质书的出版服务，书国的编辑们会从社区中选择合适的作品，以企鹅兰登书屋的名义进行纸质书出版。在渠道上，书国社区与全球主要的图书发行公司（如 Amazon， iBookstore， Barnes & Noble， Google， Kobo， Scribd， and Sony）建立了直接联系，具有一次出版、多种发布的功能，可以便捷地通过实体和网络渠道把图书发行出去，实现作者价值。书国还在社区上建立了完善、透明、可供用户及时查询的用户经济收益体系，对于作者对于纸质书的出版，书国按照传统的方式和比例与作者分配收益；而采用电子书出版方式的，作者可获得第三方渠道的 85% 销售收入和书国自身零售渠道的所有收入（见图 6.3）。

| | Self-starter $0 | Standard $59 | Landmark $149 | Discover $247 $187 | Prspect $399 |
|---|---|---|---|---|---|
| | Detsils \| Get Stsrted | Detsils \| Add to Cart | Details \| Add to Cart | Details \| Add to Cart | Details \| Add to Cart |
| Customer Service | ✓ | ✓ | ✓ | ✓ | ✓ |
| Manuscript Upload | ✓ | ✓ | ✓ | ✓ | ✓ |
| DIY Eormatting and Layout | ✓ | ✓ | ✓ | ✓ | ✓ |
| eBook Cover Design | DIY | DIY | Custom | Custom | Custom |
| LSBN Assignment | ✓ | ✓ | ✓ | ✓ | ✓ |
| Retail Distrivution | ✓ | ✓ | ✓ | ✓ | ✓ |
| Author Earnings | 85% | 85% | 85% | 85% | 100% |
| Formatting and Correction Service | - | ✓ | ✓ | ✓ | ✓ |
| ln-Text lmage Insertion | - | up to 10 | up to 20 | up to 25 | up to 25 |
| Free eBook Copy(BookStub Code) | - | ✓ | ✓ | ✓ | ✓ |
| Marketing Copy Polish | - | - | - | ✓ | ✓ |
| BookStubs* | - | - | - | 10 | 20 |

**图 6.3 书国的出版服务价格体系**

## 运行效果

经过两年来的运行，书国社区在吸引作者、培育读者等方面取得了一定成效。（1）作者们在书国社区中的所建立的社会关系已经开始向其他社交媒体延伸，作者的社会关系得以扩展和强化。某些在书国上建立起的关系正在转向 Twitter、Facebook 或 Goodreads 等社会化平台，他们并不仅仅谈论写作，而是建立牢固的关系，在整个创作流程中彼此支持。这意味着书国对作者们吸引力的增强和作者网络的扩张。（2）书国社区吸引着作者创作新的作品。书国使得作者和他们的作品跨越原有狭小的传播范围，进入到更广阔的世界；到 2013 年 7 月，已有八位作者的作品被传统出版商接受，其中包括科里·谢弗，她在书国中成功推出第一本书后，又回到这里开始她的第二部小说创作。

从上面企鹅兰登书屋的书国案例分析中，可以看出作者社区的一些基本特征和建设中所需注意基本原则，值得我国出版企业借鉴。

1. 符合企业的价值定位

不同的出版企业定位于不同的读者市场，其作者社区的构建应该与所服务的市场契合；据此，作者网络吸引作者成员时就可设定比较明确具体的条件。企鹅兰登书屋主要面向全球大众市场提供文学、消遣性读物，根据这一市场定位，书国社区所吸纳的成员主要是文学作品的作者。

2. 满足读者需求

服务读者、实现客户价值是作者社区构建的根本目的，获取能满足客户阅读需求的作家和作品资源是实现客户价值的有力保障，建立作者和客户之间互联互动机制则是作者根据读者需求进行创作的现实基础，所以作者网络需要向读者开放，以发现读者、吸引读者、实现作者和读者之间的即时互动作为作者网络的一个基本功能。

3. 提升作者价值

从根本上说，作者、读者和出版商的利益是相互依存、相互统一的，能否实现作者价值在很大程度上决定了作者网络的存废和出版商价值的实现程度。所以在作者社区的功能设置上，出版商需要作者所提供充足的价值实现途径。作者社区中的作者价值主要包括三种：①经济价值，出版商通过服务和推广活动扩大作品销量，然后与作者按照约定的比例分成；②声誉和社交价值，一般作者通过在网络中所发表的作品、评论及与同行和读者建立起来的联系获得相应的声誉和社交关系，构成作者社会声誉和社会关系的重要组成部分；③专业能力提升，通过在作者网络内部与同行、读者以及编辑的交流，作者的创作活动和作品可以不断地得以优化和提升，使之更符合市场的需求。

4. 形成社区文化

成员们共同遵守的文化是网络社区形成和顺利运行的基础，也是社区成员对社区产生身份认同和依赖心理的前提。企鹅兰登书屋在书国创立之初就通过一系列的规则和引导性措施促进文明、理性、相互尊重、相互依存的社区文化的形成，从而是社区文化走上自主纠错的良性发展道路。

# 结　　语

在数字化浪潮推动下，我国数字出版从萌芽到壮大，已成为我国出版产业和数字内容产业的重点发展领域。传统出版业的数字化业态是数字出版产业的一个重要组成部分，除了产业属性外，更承担着社会主流文化和价值观的传承、发扬的独特重任。但是，受各种主客观条件的影响，我国传统出版单位的数字化转型和融合发展的步伐仍然缓慢，至今还缺乏比较成熟的商业模式，明显落后于发达国家的出版企业和国内的新兴业态企业，既不利于我国出版业的均衡、健康发展，也不利于民族主流文化的对内对外传播。基于此，本书主要以我国传统图书出版社的数字出版业务为研究对象，以价值网和商业模式创新理论为基础，以探索适应传统出版单位的数字出版商业模式为目的，展开系统研究，以期对出版社有所借鉴。

## 一、基本结论

通过前文论述，本书可以得出如下四个基本结论：

第一，从传统出版的价值链商业模式向数字出版的价值网商业模式转型是出版社数字出版商业模式创新的一个基本趋势。伴随着互联网的兴起，商业模式创新成为企业参与市场竞争、获取竞争优势的主要途径，也引起

新兴的数字出版产业参与者的重视。价值网是价值链理论在数字环境下的发展，是在日益复杂的市场环境下企业价值创造系统的一个必然发展趋势，它是由主导企业设计的，以创造最大化客户价值为目标，吸引资源和能力互补者参与的一系列的价值创造活动，以网络的形式连接而成，通过实现整体价值最大化，最终与合作者分配价值的共赢网络。商业模式创新和价值网的形成与新型产业的发展紧密相关，二者的结合就形成价值网商业模式，显著区别于价值链商业模式。数字出版价值网商业模式是在数字化环境下一种新型的出版价值创造和实现系统，它以客户价值为中心，以核心出版企业为主导，集聚价值网中各成员企业的优势资源，将各种能力要素通过网络平台上的协作、创新和竞争，产生新的竞争优势，使企业获得价值的实现和提升；相对于传统直线式的出版价值链商业模式，是一种典型的商业模式的创新和升级，也代表了出版企业商业模式创新的基本趋势。

第二，构建数字出版价值网商业模式的基础和前提是形成数字出版价值网。数字出版价值网由出版企业内部价值网络和企业外部价值网络构成，主要包括企业价值网的构成要素包括客户、核心企业、合作企业、规则和协议等，是数字出版商业模式构成和运行的基础。数字出版价值网的形成机制既来自外部环境因素，也来自出版企业内部动力因素。数字技术的发展对出版业外部环境造成革命性变化，如出版产业全球化加剧、新兴出版业态的迅猛发展、消费者要求越来越高、企业间竞争升级、经营理念转变等，给传统的出版产业组织带来了严峻的挑战；同时，数字技术也为出版企业提供新的动力和机遇，使其可通过网络与其他企业共享优势资源、减少市场风险、构建竞争优势、实现协同效应等。在这一机制作用下，传统的线性出版价值链逐渐被解体和重构；出版产业价值活动主体之间关系也发生了从单一到多元、从单向流动向双向互动、从固定流程向灵活生产的变化，价值链结构表现为从单一线状向双向网状的演化。在此背景下，由核心企业内部价值网和外部价值网构成的数字出版价值网得以形成，它是一个以客户需求为中心的价值创造体系，包括客户价值、相互关系和核心能力等三个基本要素。

第三，数字出版价值网商业模式的构建需要出版企业进行精心设计和实施。对于出版企业来说，数字出版价值网需要确立和实施五个方面的活动：定位企业价值、构建价值创造系统、设计收入模式、建立外部合作网络、实施管理创新等。企业价值定位是商业模式设计的首要任务，规定出版社数字出版的价值主张和产品、服务，需要以所选定的目标客户的价值最大化为基点进行定位。构建价值创造系统是数字出版企业划定企业边界、确立核心价值环节的基础，也是企业内部价值网构建的核心，一般包括内容资源获取，内容资源加工，产品生产，产品经营，产品发送，客户管理和客户服务等六种。设计收入模式需要数字出版企业从内容销售、赞助、版权经营三种基本模式中进行选择和组合。出版社外部合作企业的合作伙伴主要包括：内容提供者（作者）、技术服务商、渠道运营商和终端设备商，处理好与这些外部合作伙伴之间的关系，构建和谐、稳定、高效运行的外部合作网络，是出版企业数字出版价值网商业模式整体构建的关键一环。商业模式创新战略实施则需要建立在创新性企业文化、数字化运作方式的机制之上，以此将数字出版业务设计转化为快速、可靠与灵活的价值创造活动。

第四，建构并运行内容网络、读者社区和作者社区是数字出版价值网商业模式优化升级的现实选择。出版社数字出版业务的基本经营对象由内容、读者（或用户）、作者构成，出版企业之间的竞争主要围绕这三个方面展开。通过构建出版知识网络打破出版物及其内容之间的静止、孤岛状态，可以提高知识被发现、利用、创新的效率，为读者提供更高价值。通过建构读者社区，可以与读者建立紧密的互动联系，提高读者的归属感，

有利于发挥读者之间的网络效应，提高企业的营销效率。构建数字出版的作者社区，有利于出版企业维护并扩展内容资源的来源，为满足读者需求开发提供更加丰富、优质的产品和服务。

## 二、局限和不足

就像人们对信息社会或知识社会的认识不断加深但仍难以把握其全貌一样，我们对于数字出版的认识仍停留在较低层次。作为一个新兴产业，数字出版的产业特征和运行规律可能还不太成熟，数字出版企业的商业模式创新实践以及与其相应的企业价值网构建和运行的实践尚处讨论和探索阶段，这在客观上增加了课题研究的难度。此外，从主观来说，由于研究者主观学术水平和认识水平的局限，使本书仍存在明显的局限和不足，主要表现在如下两点。

第一，缺乏典型企业经营的确凿数据（如数字出版产品开发的成本结构、经济收益、客户数据等），在一定程度上会影响研究的科学性和准确性。

第二，缺乏出版经营的实践经验和对不同类型数字出版企业深入的观察，可能会出现问题把握不准、研究与实践脱节等问题。

第三，由于本书结构所限，没有对数字出版商业模式创新的环境性因素的改善提合理化建议，如强化数字版权保护、优化出版融合发展政策等。

这些不足和缺陷是未来本人研究的主要方向，我将持续关注数字出版商业模式创新，争取对数字出版产业发展有所裨益。

# 附　　录

## 移动互联环境下的出版融合发展新趋势[①]

2016年是"十三五"开局之年，随着"十三五"规划纲要、"互联网+"、文化强国、媒体融合等国家战略和行动的进一步推进和实施，我国出版移动化转型和融合步伐加快，新的商业模式和产品形态从孕育走向成熟，产业实力继续壮大，整体保持高速稳定增长。本文结合近年来我国数字出版产业的发展实际，谈谈2016年可能出现的几个显著趋势。

### 一、移动互联网引领产业发展新方向

2015年，我国提出并实施"互联网+"行动计划，推动着我国互联网基础资源和应用快速发展；互联网的普惠、便捷、共享特性，渗透到社会公共和商业服务的各个领域。同时，移动互联网加速发展，无线网络及手机等职能终端快速普及。截至2015年12月，我国网民规模达6.88亿，其

① 本文原刊于《出版广角》2016年第1期，收入本书时略有修改。

中使用手机上网的占90.1%；手机成为新增网民最主要的上网设备。[①] 移动互联网推动了我国数字鸿沟的缩小，带动三四线城市、中西部地区、农村地区、中老年人群体中互联网的使用，提升了我国互联网的普及率；同时，它还塑造了全新的社会生活形态，改变着网民的日常生活和媒介行为，成为数字出版产业发展的巨大动力。

移动互联网改变着数字出版产业格局。2015 年，为抓住移动互联网的发展契机，传统的出版社、报刊社、网站等媒体纷纷向移动端迁移，“两微一端”（即微博、微信、客户端）成为传统媒体数字化转型的标配；互联网巨头 BAT、“数字出版第一股”中文在线等，利用资本手段合纵连横，在移动端展开角逐，通过布局网络文学，衍生到电影、电视剧、游戏等领域。当当、京东、亚马逊等电商平台也都向手机端转移，电子书业务增长迅速。清华同方、龙源期刊网、掌阅、咪咕传媒等内容集成发行商和运营商，加大移动端应用和市场的开发。同时，移动互联网也使我们进入了“泛媒体时代”，向公众信息传播不再是专业媒体的专利，任何人和机构都可以自建媒体，生产信息并向外发布，带来内容生产力的解放。由此，媒体人获得了相对于媒体机构的独立性；个人性和机构性自媒体涌现；商业传播（广告、品牌形象等）对专业媒体的依赖减弱，商业机构纷纷开设自媒体，在进行品牌传播、市场营销和联络客户的同时，也生产和传播与本企业及所在行业相关联的内容。但是，随着阅读新媒体的野蛮式生长和内容泛滥，整个社会的注意力资源将更加稀缺，读者对阅读产品的质量、体验性、个性化要求更高，专门为用户进行内容定制和把关的机构应运而生，优秀的阅读推荐类新媒体价值飙升，如“罗辑思维”“十点读书”等。如上变化，为数字出版注入巨大活力，推动着数字出版迈入移动化时代，新的产业格

① 中国互联网络信息中心 . 第 37 次《中国互联网络发展状况统计报告》[EB/OL].（2016-01-22）[2018-10-01].http://www.cac.gov.cn/2016-01/22/c_1117860830.htm.

局逐渐形成。

移动互联网也给阅读市场带来重要变化。移动互联网的普及不仅带动了网民和新媒体用户规模的增长，还提高了个体用户的阅读率和新媒体接触率，整个数字阅读市场规模扩大。据报告，在2012—2015年间，我国移动阅读的用户量从2012年的1.34亿上升到2015年的3.28亿。[①]另一方面，移动互联网还引发了网民阅读从PC端向移动端迁移；移动阅读的场景化、碎片化、个性化、交互性和社会化趋势加剧，读者的阅读行为与日常工作、学习、生活等活动之间的衔接更加紧密，新的阅读和内容消费形态涌现，为数字出版创造新的商机。在电子书、微博、微信、APP等产品的推动下，移动用户的阅读和支付的习惯已经养成，活跃度明显提高，仅亚马逊Kindle的月活跃付费用户在2012—2015年间就增长了37倍[②]。移动端的付费阅读和广告盈利模式逐渐成熟，微博、微信的打赏机制也得以确立，收入规模快速提高；在2012—2015年间，市场规模从1.34亿元[③]上升到100.8亿元[④]；移动阅读成为我国阅读产业领域内增长率最高的部分。

移动出版方兴未艾。经过2015年的急剧调整，2016年将会有更加稳健的发展。阅读市场将逐渐向三四线城市和农村地区下沉，读者群体和产业规模稳定扩大。企业间内容资源和用户资源的争夺加剧，阅读的体验性、交互性、社交性将更为重视，满足移动读者新需求的应用型产品增多，对整个文化创意产业融合发展的促进作用更加显著。

① 中国IT研究中心.2015年第2季度中国移动阅读市场研究报告[EB/OL].（2015-07-21）[2018-10-01].http：//www.cnit-research.com/content/201507/1323.html.

② 刘爽爽.中国是亚马逊全球用户增长最快的国家[EB/OL].（2016-01-25）[2018-10-01].http：//culture.caixin.com/2016-01-25/100903610.html.

③ 中国IT研究中心.2015年第2季度中国移动阅读市场研究报告[EB/OL].（2015-07-21）[2018-10-01].http：//www.cnit-research.com/content/201507/1323.html.

④ 郑春晖，李国琦.2015年Q4移动阅读市场报告[EB/OL].（2016-02-01）[2018-10-01].http：//www.sootoo.com/content/555300.shtml.

## 二、知识产权运营推动产业深度融合

在现代知识产权制度下，以优质内容为基础，进行全版权运作，开发衍生品及专利产品，注册商标开展品牌化运营，是出版传媒企业实现内容价值最大化的主要手段。在开放、融合的环境下，原来束缚出版业跨媒介、跨行业、跨地域经营的制度性和技术性障碍逐渐消除，基于优质内容进行知识产权运营的出版策略已初露峥嵘，并将在 2016 年获得新的发展。

大众阅读和娱乐领域的"IP 热"将继续漫延。2015 年，我国网络文学衍生版权开发呈井喷之势，以版权为核心的网络娱乐产业链释放出巨大商业价值，由热门网络文学作品改编的影视作品屡创收视新高，其改编的游戏也迅速获得大规模粉丝；而影视和游戏的改编又反哺了网络文学本身的发展，促使其商业价值的扩大。2015 年年初，由腾讯文学与盛大文学整合成立的阅文集团，利用其庞大规模的内容储备、作家作品和多元化的跨终端产品等优势，运用"泛娱乐"的 IP 开发战略，与游戏、动漫、影视等行业进行合作，以文学作品为源头，打造起了贯通出版、游戏、影视、周边等新兴产业链。2016 年年初，阅文集团公布与 Hobbymax 公司合作，面向全球推出《全职高手》的主角人物模型，它是阅文集团白金作家蝴蝶蓝创作的网络游戏竞技小说，全网阅读点击量达数亿，实体书已授权出版中文简体、繁体、日文等多种语言版本，并畅销各地市场。[①] 这种经营方式以内容和版权经营为核心，以全媒体出版和多渠道传播为手段，带动原有大众文化产品粉丝圈层的扩大，使高点击率原创作品的版权价值倍增，已经在网络文学和诸多内容产业领域展开。据易观国际分析，2016 年我国将迎来 IP 的高速发展期；同时，网络文学及相关行业 IP 评估标准体系的建立、完善和应用，将有助于 IP 模式运作理性化发展。

① 佚名 . 阅文集团热门 IP《全职高手》手办即将全球发售引关注 [EB/OL].（2016-01-14）[2018-10-01].http：//www.ccidnet.com/ 2016/0114/10082419.shtml.

知识产权的运营在网络文学之外的专业出版和科技出版等领域也纷纷兴起。据《中国出版传媒商报》报道，安徽科技出版社、大连出版社、青岛出版集团、社会科学文献出版社等，也开展了知识产权综合运营的探索，并已获得良好效果。[①] 它们利用本社图书品牌和优势版权资源，通过与外部机构合作，开展全媒体出版和品牌化经营，并努力开发衍生品，进行特定垂直行业的全产业链运作，开拓了出版业经营的巨大空间。

以版权为核心的知识产权综合运营，既可实现版权价值的多元化开发，又能克服出版多元化经营中产业关联度低的缺陷。未来，随着我国媒体融合、出版融合等发展战略的深入推进，出版产业竞争的进一步加剧，它将成为一种主流模式，向出版和新兴的数字内容产业的诸多领域迅速波及，推动着我国出版业的转型升级和融合深化。

## 三、商业模式创新助力网络文学产业升级

经过 10 余年成长，网络文学已经形成了比较成熟的商业模式和较为稳定的产业格局。但是，移动互联网和智能移动终端的普及，推动了以网络文学为创意源头的游戏、动漫、影视剧、网络剧等的急速发展，由此带来网络文学新热潮的兴起和商业模式的变革。

2015 年，网络文学蓬勃发展。面对潜力巨大的市场，BAT 纷纷参与布局网络文学，相继成立阅文集团、百度文学和阿里文学，并与各自旗下的其他内容业务对接，完善数字内容生态，大举开展“IP”运营。其中最受瞩目的是腾讯阅读和盛大文学联合成立的阅文集团，它统一管理和运营原腾讯阅读和盛大文学旗下的网络文学网站和品牌，致力于构建以 IP 运营为核心的“泛娱乐”生态体系，使网络文学成为整个泛娱乐生态系统的支柱。

① 王婷 . 一个内容多个创意：出版立体开发，打造 IP 产业链 [N]. 中国出版传媒商报，2016-2-16.

在阅文集团、中文在线、掌阅文学、阿里文学等平台的共同推动下，网络文学的 IP 运营在 2015 年经历了爆发式发展，带来了网络文学商业模式的转变：由过去主要依靠点击量而获得阅读付费和广告收入的模式，转为版权综合经营的模式。

网络文学商业模式转型会对产业链带来良性联动效应。首先，它会促进网络文学写作方式的调整和作品创意水平的提升。过去，在付费阅读、微支付运作机制下，网络文学写手主要靠点击量从网站获得分成；在上架和更新机制下，网络文学写手变成“码字工人”，偏重于文学情节的曲折离奇和篇幅拉长。在“IP”运营模式下，影视、动漫、游戏及更多衍生品的开发，不仅依赖于成熟而完整的网络文学作品，更依赖拥有巨大市场潜力、可进行多种符号表达、多种媒体传播的创意，这就会使网络写手更加关注文学作品的创意和表达。其次，它会促进以网络文学为中心的创意资源的扩大。多元化的网络文学价值实现方式为网络文学作者和版权经营者带来收入的乘积效应，大大提高优质作品创作者和经营者的经济回报，这会吸引更多写作者和机构参与，有助于推动网络文学自身规模扩大，还为我国本土的文化娱乐产业提供更丰富的创意资源。再次，网络文学版权价值的增加将掀起整个行业对网络文学原创资源的抢夺热潮，现有内容版权及其创造者的价值将提升，新作者、新作品的培育将更加得到重视。最后，除了内容，决定 IP 价值的最主要因素是网络文学作品“粉丝”群体的规模及其潜在的商业价值，这就要求网络文学的经营者们在产品和用户两个方面发力，更加注重阅读产品的体验效果、社交功能，采取多种手段提高服务质量，增加用户黏度。

2016 年，实施网络文艺精品创作和传播计划，推动网络文学发展，已被列我国“2016 年全民阅读工作计划”；国家鼓励创新、版权保护的力度将继续加大。随着外部环境的进一步优化，版权综合经营商业模式的成熟完善，网络文学产业的发展将更加繁荣。

## 四、纸屏融合促进图书形态更新

近两年来，出版业的融合发展催生了图书形态的更新。在原有的纸质形态和数字形态之外，出现了纸质图书和数字资源融为一体的图书形态。纸屏融合形态的图书一般通过在纸本书页面所设置的二维码、ID 账号等，使读者利用移动智能终端或计算机访问特定的网络空间，体验相应的数字资源或服务。目前，在融合形态的图书中，纸、屏两种形态的内容之间的关系大致分三类。

一是数字资源与纸书内容互补。中国传媒大学出版社在 2015 年出版的“21 世纪播音与主持艺术专业训练教材”，安徽教育出版社的“二维码交互式教辅”项目就采用这种方式。读者利用手机、平板电脑等设备扫描纸书页面中的二维码，进行登录、注册和验证后，就可以阅读、下载出版者预存网络中与书相配套的资源。这类图书克服了纸质书信息的类型单一（只承载图文信息）、容量有限、更新困难等局限，提升了传统图书信息的表现和传播能力。

二是数字资源对纸书内容和体验的延伸。童趣出版有限公司在 2015 年研发了 3D 涂色书——《开心超人联盟之超时空保卫战》，把时下流行的 AR 技术与涂色书的结合；读者首先选一个页面涂好颜色，然后用手机或者平板电脑打开“开心幻影涂游”APP，扫一下涂好的作品，3D 动画效果就会立刻呈现出来；转动图书，3D 画面也会相应旋转，还可以用手指在屏幕上进行简单的交互操作[①]。北京出版集团在 2016 年出版了《大开眼界 恐龙世界大冒险》套书，利用虚拟现实技术，实现了纸质绘本与立体全沉浸式视觉映像的结合。此外，接力出版社在 2014 年 6 月出版的“香

① 佚名 . 韩国 AR 技术顶级企业 SN 公司与中国动漫“领头羊”广东奥飞动漫携手合作 [EB/OL].（2015-10-09）[2018-10-01].http：//www.yaolan.com/news/201510091451503.shtml.

蕉火箭科学图画书”，天地出版社在2015年6月出版的“拍拍乐创意童书”，科技出版社在医学教材上所展开的探索等，都属于这种情况。它们多运用虚拟现实和增强现实等技术开发影像资源和相应APP，用手机或者平板电脑打开APP阅听内容，甚至还能对虚拟影像进行互动操作，为读者带来全新的阅读体验。

三是为读者提供增值服务。近几年，社会科学文献出版社在其发行的每一本皮书上都附设一个“皮书数据库”充值卡账号和密码，价值100元；读者在皮书数据库网站注册为会员后，为自己的账户充值，可用来购买数据库中的任何资源。机械工业出版社出版的《十天突破IELTS写作完整真题库与6–9分范文全解》，在封面贴上带密码的学习卡，读者可以用它获取在线导学服务或下载关键学习资源。从内容角度看，这类图书的数字资源为纸本书读者提供了额外的价值；从经营角度看，数字资源被出版方作为“诱饵”，吸引纸书读者变为数字产品的用户；而这里的纸本书就成为出版经营者获取用户的一个有效入口。

纸屏融合图书形态的出现，打破了纸本书和数字图书二元对立的发展格局。它既保留了传统纸本书的外在形态、制作工艺、内容及其组织方式等特点；又吸收了数字媒体的诸多优点，如表现手段丰富、信息容量大、体验性强等；为传统出版和新兴的融合发展开辟了新路径。随着出版融合的深化发展，2016年纸屏融合形态的图书在品类、品种上将更加丰富，形式将趋于成熟，读者和用户资源的获取和经营将成为一个重要的发展方向。此外，图书纸屏融合还会带来新的出版商业模式，并引发出版产业链的重组和新型产业组织的出现。

# “出版＋文创”：以核心资源为基础的出版价值链延伸[①]

出版是把人类生产的精神文化内容整理、加工后面向社会公开传播的活动。它高度依赖人类创造性的观点、理论和方法，是实现内容经济价值的一个基本途径。因此，建立在出版活动基础上的出版产业被视为文化创意产业的一个重要分支。

在我国，文化创意产业包括文化艺术、新闻出版、广播、电视、电影、软件、网络及计算机服务、广告会展、艺术品交易、设计服务、旅游和休闲娱乐等众多类别，它以内容创意为主导，具有多方面的开发和衍生潜力，盈利点丰富，价值链可以不断延长、丰富、更新和重构。过去，受媒介割裂、产业分立的技术和行政壁垒影响，出版业经营范围主要局限于向社会提供出版物，产业价值链单一、线性、盈利点少。目前，在媒体融合发展背景下，出版业已大大突破原有的业务边界，沿着“出版＋文创”的路线走向业务多元化、价值链网状化的发展道路。近年来的出版产业实践显示，“出版＋文创”的多元化产业链延伸和多重产业价值的成功实现，离不开对内容创意、文化品牌和忠实用户等出版核心资源的开发及利用。

## 一、基于内容创意的全方位知识产权开发

内容资源是出版活动的价值之源，是出版企业的核心资源之一。基于多种形式的内容变形或迁移，能使出版物的影响力实现质的飞跃。创意是人本价值导向的创新，是创新内涵的人文化，站在读者受众的角度思考内容的呈现形式，才能让出版物与文创结合有的放矢。理查德·E.凯夫斯在《创意产业经济学》一书中指出：创意的本质，就是捕捉满意

① 张新华，王炜璠，2017.“出版＋文创”：以核心资源为基础的出版价值链延伸 [J]. 出版广角（22）:10–12.

和快乐。快乐随着收入提升不再以效率为依据，而转以异质性、差异性、不可通约性、个性这些反效率的尺度为标准，这种反效率的尺度是创意产品的质量控制标准。个性内容是出版企业永恒的追求，个性内容的衍生更需要个性的驱使。

对优秀内容进行知识产权全方位开发和运营，可使内容资源产生远大于出版物所带来的收益。因此，以出版物内容创意资源为导向的文创产业开发就成为许多出版机构经营的一个方向。文化创意产业的立足之本是优秀的内容资源，在此基础上的出版文创资源互通成为行业融合的切入点。网络小说《盗墓笔记》在网上连载后被出版为纸质书，后被改编为电视剧和电影，全套图书累计销量达到1000万册，电影票房也破10亿元。不仅如此，近年来我国还兴起了以《盗墓笔记》为原型的盗墓文创产业链，已涵盖旅游、饮食、服装等多个行业。

以内容版权为核心进行产业延伸，既可实现版权价值的多元化开发，又能弥补出版多元化经营中产业关联度低的不足。随着我国媒体融合、出版融合等发展战略的深入推进，内容产业竞争进一步加剧，基于内容创意资源基础上的产业延伸已成为一种重要模式，正向新兴的数字内容产业等领域迅速波及。例如河南科学技术出版社从手工图书出版向手工工具和材料生产、产品销售、课程培训、行业会展等领域的拓展，为出版与科技、教育、文创等产业的深度融合奠定了基础。不难看出，以内容创意和版权资源为基础进行全媒体传播和全知识产权形式的运作，既可以最大限度实现出版内容创意资源的经济价值和文化功能，也可以丰富文化创意产业的产品形态并提升经营水平，推动出版和文化创意产业商业模式和内容创新。

## 二、基于品牌资源的产业价值链延伸

品牌是出版机构的另一种核心资源。出版企业不仅是创意内容的经营者，还是“文化质量和品位的传递者和仲裁者”，通过出版高质量的出版物和汇聚有声望的作者，逐渐形成自己独特的出版品牌，成为“一个在激烈的领域里与其他公司有区别的标志”。[①] 出版机构要抓住机遇，在竞争中积极与文创产业融合发展，充分发挥出版品牌的文化价值和经济价值。

迪士尼是全球品牌经营中的翘楚，其系列化文创产业的发展与其在出版领域所积累的品牌资源不无关系。迪士尼公司在成立初期，只是一个名不见经传的漫画出版公司，后以其脍炙人口的漫画形象而打响品牌。迪士尼打造的娱乐世界迪士尼公园是出版物形象的实体化。迪士尼公司从出版向文化创意娱乐公司的品牌形象转化，得益于它多元化的跨界经营和举世瞩目的品牌价值。

深挖出版资源，把出版物内容实体化，是对出版物价值的进一步扩展。近年来，国内出版机构对出版品牌资源的开发逐渐跨越图书出版领域，进入更广阔的文化创意产业，促进了出版与艺术、文化收藏、演艺、拍卖等领域的融合发展。荣宝斋、中国书店、朵云轩等是国内经营书画艺术品的著名出版品牌，这些出版机构历史悠久，专业资源丰富，具有大量珍贵的中国传统书画和艺术品，已经形成成熟的以书画艺术品出版为基础的文创产业链。例如，荣宝斋不仅在济南、广州、武汉、洛阳、香港等地成立了10多家分支机构，在北京顺义建设文化产业园，还设立了北京、上海、济南、南京等5家横跨南北、辐射全国的拍卖公司，在近代书画作品拍卖业务方面稳居全国第一，已发展成为集书画经营、文房用品、木版水印、装裱修复、拍卖典当、出版印刷、展览展示、教育培训、茶文化、沉香文化、

① 约翰 B 汤普森，2014. 数字时代的图书 [M]. 南京：译林出版社：20–21.

进出口贸易于一体，拥有25家控股子公司的多元化文化企业集团，年收入超过10亿元，年利润规模达2亿多元。①

不仅传统出版名社在积极利用品牌资源进行产业延伸，许多的新兴出版机构也深入挖掘自身资源，通过品牌建设努力开拓文创产业。坐落于故宫内的故宫出版社拥有丰富的文化资源和品牌资源，故宫出版社前身是紫禁城出版社，其更名就是对故宫这一品牌的重塑和利用。故宫是中华文化的标志，同时具有丰富的中国特色内涵。基于故宫中国传统皇家文化的定位，故宫出版社将自身的定位从传统出版社转化为一个出版文创企业，在其主营范围不变的情况下，将文创产品收纳到业务框架之中，横向拓展了产业链；同时，沿袭了艺术水准高、学术品位好、文化积累厚的品牌文化，将出版物衍生内容物化，研发了皇后茶杯、朱批胶带、故宫日历等广受欢迎的文创产品，使故宫渐渐成了时下中国本土出版文创响亮的品牌。此外，凤凰出版传媒旗下的“天线宝宝”早教中心，基于儿童电视剧品牌“天线宝宝”开发了图书、玩具、培训等业务，《读者》杂志开设“读者文化生活馆”销售各类文创产品，时尚传媒集团、《瑞丽》杂志等利用期刊品牌开展图书出版、发行、广告、模特经纪人、奢侈品展览等业务，这些都是出版机构利用出版品牌资源发展文化创意产业的典型实例。

基于品牌的出版和文创的融合，对出版和文创业务来说是双赢。一方面，出版机构利用品牌影响力为新兴的文创业务开辟市场；另一方面，基于文创产业的品牌延伸，赋予出版品牌更加丰富的内涵，扩大品牌在文创领域的影响力。

---

① 原业伟．出版社艺术品联动经营，水深、利大、专业要求高[N]．出版商务周报，2016-07-18.

## 三、基于用户的多元需求满足

移动互联网时代，出版企业的消费者由过去的读者变为用户，并且在出版经营中占据越来越重要的地位，甚至已成为网络文学、知识服务等新兴出版业态的核心资源，掌握着企业的生命线。从用户角度看，企业价值很大程度上体现为企业对用户需求的挖掘、识别和满足，而用户需求是多维度、分层次的，这在知识和文化消费方面表现得更加明显。所以基于现有用户的需求出发，在满足其阅读需求的基础上，开发关联性产品和服务，是实现“出版 + 文创”的一个重要途径。

基于明确的用户需求，为其提供精准的出版及相应文化服务，是出版用户经营的一种基本方式。人民邮电出版社信息技术分社主要出版计算机和编程方面的图书，2015 年分社创办了异步社区，以读者和作者队伍为基础，形成了一个集图书购买、优质内容生产、作译者服务、自出版为一体的综合性服务平台。其用户既有专业人员也有业余爱好者，他们都能在该社区获取和分享前沿的 IT 资讯和技术知识；同时，社区也为工程师、产品经理和设计师施展自己的写作才华提供专业服务。可见，异步社区已经超越传统图书经营的范畴，进入以用户为中心的知识生产、知识消费、自出版等多个领域。

对用户资源价值的开发和经营越来越多地应用于出版与文创产业的融合上，如教育培训、文化旅游、文化娱乐等。出版机构由于掌握着丰富的专家资源和读者资源，开展相应的教育培训服务是很自然的。如中国财政经济出版社在 2002 年成立培训中心专注于财经培训，中国质检出版社在 2006 年成立培训中心服务于质检系统人员，江西高校出版社在 2011 年成立教育文化公司提供培训业务。为读者提供增值服务是早期出版机构涉及培训业务的主要初衷，但随着出版转型升级的推进，教育培训已经成为

出版机构快速发展的新业态。据报道，目前出版机构的培训项目主要有三类——职业技能培训、考试技能培训和素质教育培训。培训群体与读者高度重合是传统出版优势的自然延伸。例如，中国财政经济出版社开展财经系统会计继续教育、金融类继续教育以及与财务会计、金融行业相关的实务培训和考试培训，其中的会计继续教育已经成为财经培训领域的优秀品牌。①

"出版 + 游学"是基于学生用户群体的出版业务和文化旅游业务相结合的一种方式，目前发展势头良好。中国少年儿童新闻出版总社在 20 世纪 80 年代就依托自身资源开始探索实施夏令营和游学等项目，近年来又面向中小学生推出"知心姐姐——跟我走世界"系列游学项目，将"行走中的世界文化""行走中的教育""行走中的心理学""行走中的新闻学"等串联起来，丰富孩子们的游学体验。新蕾出版社的《百科探秘》杂志面向 8~12 岁的孩子，按照"地球、海洋、太空"的立体空间布局设计组织研学营，选取的项目都与刊物的读者和内容定位一致。这些由出版社牵头，以用户为中心，以出版物内容为主题的游学项目，相对于旅行社独立组织的游学项目来说，增加了更多文化含量，用户针对性更强，更能获得读者用户的青睐。

基于用户的出版和文创融合，不仅可以满足用户多方面深度的需求，延长出版产业价值链还可以通过增加出版企业与用户的接触点，增强用户黏性，反过来促进出版选题的开发和用户图书消费的增长，从而实现出版与文创的协同发展。

## 四、结语

综上所述，我们认为，在融合发展背景下，出版企业基于内容、品牌、

① 李丽萍 . 出版培训前景可升级瓶颈多 [N]. 中国出版传媒商报，2017-03-07.

用户等核心资源，面向文化创意产业开发新产品，延伸产业链，开展多元化经营 形成“出版+文创”的产业新形态，是出版业转型升级的一条可行发展之路。这种发展方式不仅会充分实现出版资源的多维度文化价值和经济价值，为出版企业增加盈利点，还会提高出版机构在整个文化创意产业和社会经济生活中的地位， 对出版主业经营形成反哺效应，实现出版和文创的联动发展。当然，在现实实践中， 内容、品牌、用户这三种出版资源并不是孤立存在并发挥作用的，而是共生共存、相互依托、相互借势，在和文创融合的过程中共同发挥作用，共同获得增值。这就需要出版经营者综合考察自身资源，合理实施在文创领域的发展策略。

# 参考文献

## 学术论文

曹胜利，谭学余，2011. 专业出版社数字出版的盈利模式与路径选择 [J]. 科技与出版（4）.

曹胜玟，2009. 当前数字出版产业链的相关问题及思考 [J]. 编辑之友（3）.

曹世华，2006. 数字出版产业发展呼唤著作权集体管理现代 [J]. 中国出版（9）.

陈丹，2011. 我国出版社数字出版发展策略及商业模式探析 [J]. 出版发行研究（11）.

陈洁，2009. 数字出版盈利模式研究报告 [J]. 求索（7）.

陈净卉，肖叶飞，2012. 美国数字出版的产业形态与商业模式 [J]. 编辑之友（11）.

邓晓磊，2011. 探讨数字出版的标准问题出版参考 [J]. 出版参考（7）.

方卿，2006. 论出版产业链建设 [J]. 图书·情报·知识（5）.

方卿，许洁，2009. 数字出版盈利模式设计的五要素——以高等教育出版社为例 [J]. 出发行研究（11）.

顾金亮，2014. 数字出版商业模式研究述评与展望 [J]. 现代出版（3）.

郭秀兰，2010. 基于双边市场定价理论的媒体市场研究综述 [J]. 财经界（3）.

何格夫，2008. 当前制约我国数字出版发展的六个因素 [J]. 编辑之友（2）.

黄阳，吕庆华，2010. 创意经济：以人为本的经济发展观 [J]. 理论探索（3）.

贾宏，2006. 数字图书馆个性化服务技术战略 [J]. 现代情报（3）.

姜奇平，2005. 基于意义的注意力经济 [J]. 互联网周刊（20）.

姜永常，2012. 知识网络链接的理论基础与基本原则 [J]. 图书馆（2）.

姜永常，杨宏岩，张丽波，2007. 基于知识元的知识组织及其系统服务功能研究 [J]. 情报理论与实践（1）.

金雪涛，唐娟，2011. 数字出版产业价值链与商业模式探究 [J]. 中国出版（2）.

金雪涛，唐娟，2011. 数字出版产业价值链与商业模式探究 [J]. 中国出版（2）.

康建辉，赵萌，2012. 中国数字出版产业发展中的版权保护问题研究 [J]. 情报理论与实践（1）.

匡文波，孙燕清，2010. 数字出版商业模式的国际经验及其启示 [J]. 重庆社会科学（6）.

黎敏霞，2010. 浅析数字出版盈利模式类型及其实现途径 [J]. 新闻传播（4）.

李建峰，2017. 全媒体数字出版商业模式的研究 [J]. 新媒体研究，3（8）.

李孝霖，2010. 数字出版产业版权困境解析 [J]. 电子知识产权（1）.

李孝霖，2010. 数字出版产业版权困境解析 [J]. 电子知识产权（1）.

李垣，刘益，2001. 基于价值创造的价值网络管理 [J]. 管理工程学报，（15）.

李垣，刘益，2001. 基于价值创造的价值网络管理特点与形成 [J]. 管理工程学报（41）.

廖小刚，周国清，2013. 我国数字出版企业的商业模式创新研究 [J]. 出版科学，21（2）.

林环，2017. 数字出版产业价值链与商业模式创新研究 [J]. 中国出版（14）.

林倩倩，卢秋云，2017. 数字出版商业模式的创新路径 [J]. 经营与管理（3）.

刘灿娇，姚娟，2011. 中美数字出版商业模式比较研究 [J]. 出版科学（11）.

刘灿姣，黄立雄，2009. 论数字出版产业链的整合 [J]. 中国出版（1）.

刘锦宏，顾轩，2009. 网络科技期刊收入模式研究 [J]. 出版科学（5）.

卢泰宏，周懿瑾，何云，2012. 价值网研究渊源与聚变效应探析 [J]. 外国经济与管理（1）.

迈克尔·希利，2011. 混乱时代里的永恒：美国数字出版和书籍销售的近期发展趋势 [J]. 黄俊，译 . 出版科学（1）.

屈炳耀，2013. 建构数字出版商业模式的要素与思路探析 [J]. 出版发行研究（12）.

盛革，2009. 基于模块化的价值网系统构造及运作模式研究 [J]. 工业经济（5）.

施勇勤，张凤杰，马畅，2012. 数字版权保护技术的概念、类型及其在出版领域的应用 [J]. 科技与出版（3）.

宋罡，2017. 传统出版单位数字出版商业模式试析 [J]. 传播力研究（1）.

唐朝华，2005. 注意力的特点与商业营销策略 [J]. 湖南科技学院学报（2）.

陶之盈，胡河宁，2006. 基于内网与外网模型的价值网结构分析 [J]. 技术经济与管理研究（5）.

汪丁丁，2001. 从价值链到价值网——评《价值网》[J].IT 经理世界（20）.

王冰，2015. 移动互联背景下数字出版的商业模式分析 [J]. 出版广角（9）.

王松茂，2008. 融合趋势中的出版业盈利模式创新策略 [J]. 出版科学（6）.

王勇安，贺宝勋，2010. 论地方教育出版社数字出版商业模式创新 [J]. 出版发行研究（9）.

王志刚，2011. 数字出版企业版权信息管理系统的构建 [J]. 现代出版（3）.

文庭孝，刘晓英，刘进军，2010. 知识关联的理论基础研究 [J]. 图书馆（4）.

文庭孝，汪全莉，王丙炎，等，2009. 知识网络及其测度研究 [J]. 图书馆（1）.

肖希明，黄连庆，2007. 以需求为导向的数字信息资源开发 [J]. 中国图书馆学报（6）.

熊玉涛，2010. 论数字出版产业的运作与发展 [J]. 编辑之友（7）.

杨西京，2012. 后转制时期出版企业的管理创新 [J]. 科技与出版（10）.

杨耘，2009. 童书出版商业模式的设计和探讨 [J]. 中国图书评论（5）.

余世英，陈芳芳，明均仁，2013. 大众数字出版商业模式探索 [J]. 出版科学，21（3）.

张传平，王丹，2006. 创造价值的新型模式——价值网 [J]. 商场现代化（4）.

张书卿，2008. 中国数字出版标准化现状及对策 [J]. 出版发行研究（11）.

张燕，2002. 价值网——种新的战略思维组合 [J]. 价值工程（2）.

赵蓉英，2007. 论知识网络的结构 [J]. 图书情报工作（9）.

郑豪杰，2011. 传统出版的商业模式创新研究 [J]. 中国出版（3）.

周利荣，2010. 中国数字出版产业链整合模式分析 [J]. 出版发行研究（10）.

周晓英，2010. 知识网络、知识链接和知识服务研究 [J]. 情报资料工作（2）.

朱庆华，2006. 知识元挖掘评介 [J]. 情报科学（12）.

CLAIRE BIRD，2008. Oxford journals' adventures in open access[J]. Learned publishing（2）: 200–208.

DAVIDOW W，MIEHAEL S MALONE，1992.Virtual enterprise forbes[J].Deeeober（7）.

DOUGLAS M LAMBERT，TERRANCE L POHLEN，2001. Supply chain metrics[J].International journal of logistics management，12（1）.

GRAINERR，METES G，1996.Has outsourcing gonetoo far[J].Business week（1）.

GULATI R，1999.Does familiarity breed trust? the implication of repeated ties for contractual choice in alliances [J].Academy of management journal，38（1）.

KATHANDARAMAN P， DAVID T WILSON，2001. The future of competition–value–creating networks[J]. Industrial marketing management，30（4）.

RICHARD N，RAFAEL R，1993. From value chain to value constellation：designing interactive strategy[J]. Harvard business review，71（4）.

## 学术专著

陈丹，2012. 数字出版产业创新模式研究 [M]. 北京：科学技术文献出版社.

陈昕，2008. 美国数字出版考察报告 [M]. 上海：上海人民出版社.

大卫·波维特，约瑟夫·玛撒，R. 柯克·克雷默，2001. 价值网——打破供应链挖掘隐利润 [M]. 北京：人民邮电出版社.

高天亮，2013. 基于价值网理论的商业模式研究 [M]. 广州：世界图书出版公司.

刘刚，2012. 战略性新兴产业发展的机制和路径：价值网络的视角 [M]. 北京：中国财政经济出版社.

马浩，2015. 战略管理——商业模式创新 [M]. 王栋，译 . 北京：北京大学出版社 .

塔瑟尔，2009. 数字权益管理 [M]. 北京：人民邮电出版社 .

吴朝晖，吴晓波，姚明明，2013. 现代服务业商业模式创新 [M]. 北京：科学出版社 .

亚德里安・J. 斯莱沃斯基，大卫・J. 莫里森，劳伦斯・H. 艾伯茨，2001. 发现利润区 [M]. 凌晓东，译 . 北京：中信出版社 .

于海澜，2009. 企业架构：价值网络时代企业成功的运营模式 [M]. 北京：东方出版社 .

余东华，2008. 模块化企业价值网络 [M]. 上海：格致出版社 .

约翰・B. 普森，2014. 数字时代的图书 [M]. 张志强，等译 . 南京：译林出版社 .

张立，2017.2016—2017 中国数字出版产业年度报告 [M]. 北京：中国书籍出版社 .

张立，2018.2017—2018 中国数字出版产业年度报告 [M]. 北京：中国书籍出版社 .

张立，汤雪梅，介晶，2016. 数字出版商业模式研究 [M]. 北京：中国书籍出版社 .

张明立，2007. 客户价值——21 世纪企业竞争优势的来源 [M]. 北京：电子工业出版社 .

ALLEE V，2003.The future of knowledge：increasing prosperity through value networks[M]. Oxford.

BILL MARTIN，XUEMEI TIAN，2010.Books，bytes and business[M].Ashgate.

## 学位论文

程巧莲，2010. 从供应链到价值网的企业制造能力演化研究 [D]. 哈尔滨：哈尔滨工业大学 .

迟晓英，2003. 价值网及节点价值链的系统研究 [D]. 上海：上海交通大学 .

范高贤，2010. 基于价值网的企业再造研究 [D]. 北京：北京交通大学 .

纪汉霖，2006. 双边市场定价策略研究 [D]. 上海：复旦大学 .

王东，2015. 传统出版企业数字出版创新研究 [D]. 北京：北京理工大学 .

张彦华，2011. 国内数字出版所处困境及发展途径研究 [D]. 重庆：重庆大学 .